大展好書　好書大展
品嚐好書　冠群可期

大展好書　好書大展

品嘗好書・冠群可期

楊式太極拳

3

楊式太極拳小架與技擊

附 DVD

孫德明　傳授

李貴臣　編著

大展出版社有限公司

宏揚太极精神

发展健身事业

洪朕光

二〇一五年六月卅

混元拳入境

无求艺自了

陳耀庭

二〇二〇年四月

发掘太极拳术宝藏

弘扬中华传统文化

刘金印题

傳承中華武術

參悟太極之道

二〇二二年五月〇日於遠仙

孫 德 明 簡 介

孫德明，1924年生，天津寶坻人。7歲在寶坻跟宮樂亭村的商寶善（號稱京東第一武術名家）學習楊少侯傳授的小架太極拳。1940年商寶善因抗日被日本人所害，致使傳授中輟。孫德明從此步入自修，但從未間斷小架太極拳的習練。

1953年他進京工作，更加緊了功夫的追求和迫切地尋師訪友，在此期間曾向武術名家馬清藻學過形意拳。

1960年拜在一代名師崔毅士門下，學習楊澄甫的大架太極拳及推手功夫，直到崔老辭世。從藝十餘年，他勤學苦練，堅持不渝，深得崔氏推手功夫的內涵和老師厚愛。

1978年再拜原北京市武術協會副主席、一代名師汪永泉爲師，成爲楊派太極拳入室弟子，主要學習楊健侯傳授的中架太極拳及楊家家傳的推手功夫。經過精心研習和不斷努力，孫德明成爲汪氏第二期入門弟子中的佼佼者。

經過名師的傳授和歷練，他功法全面，集楊式太極拳「大架」「中架」「小架」套路和太極刀、太極劍於一身，推手獨到，功夫深厚，技藝精湛，深得楊式太極拳的真髓。

　　他一生別無他好，幾十年如一日，專心研究太極拳，堅持練拳授拳，孜孜不倦，以拳誨人為樂，從學者眾多，而且不取報酬、不辭辛苦、毫不保守，使後學者受益頗豐。

　　現八十多歲高齡的他，身體康健，神完氣足，終日以太極拳和學生為伴。人品正直、道德高尚、武技純真，為後人效習之榜樣。

序

孫德明老師授拳印象

孫德明老師傳授的楊式太極拳，是和汪永泉先師一脈相承的。他的示範動作和內功運用，突出了招中有術、術中有招的特點，表現出理論和方法應用於技擊的奧妙。孫老師在教學過程中，經常教導學生：太極功夫的提高，關鍵在於內氣的培養，而內氣在技擊中發揮作用，必須由身形、手勢巧妙施展。孫老師追隨汪永泉先師多年，他能夠較好接受汪永泉先師傳授的有利條件是：自幼習武所打下的堅實基礎，他早年便學過楊式太極拳小架套路及技擊功法，在進入汪之前，曾師楊式太極拳傳人崔毅士10年。

孫老師博採各家之長，融化在自身的功夫之中，最終接受了汪脈內功的精髓，形成他個人以汪脈爲主流的楊式太極功夫。孫老師不但繼承了汪永泉先師獨特的技擊功夫，而且發揚了汪永泉先師的高尚品德。緣於認眞的比較，他終於認識到汪永泉先師在技擊方面取得的卓越成就，仰慕德高望重的老拳師學風嚴謹和爲人和善。目前孫老師已年過八旬，依然主持教學，並且在弟子的協助下，根據親身體驗研究楊式太極功夫的理論與實踐，欲保留大、中、小架拳譜，以

了盡責之心願。

　　尊師重道是中華民族的美德，以積極態度對待教學，善於解決傳承與創新的問題，師生們能夠開誠佈公的溝通是孫老師授拳的特點。回顧楊式太極拳發展歷程，不難看出歷代宗師的共性和個性、進展和演變，沒有幾代人持之以恆地鑽研和改進，就推不出完整的有價值的拳譜。人的自然條件和社會環境不同，決定各自的特點。在共同習練武功的時候，每個人都會有不同的體驗和理解，不可能完全一致。成績最好的門徒也難與師傅一模一樣。倘若停滯在模仿層次，就會失去取得更高成就的機會。而武術界長期存在的缺憾正是「一代不如一代」，真正實現「一代比一代強」是很不容易的。在中華武術蓬勃發展突飛猛進的今天，許多門派都有出色的表現。在媒體，特別是電視上頻頻出現奇異功夫的節目，能人高手層出不窮，不少門派的工作也走上現代化道路，形勢逼人，發人深省，催人奮進，時不我待。汪脈太極功夫必須迎頭趕上。當前迫切需要的是，擺脫舊思想，接受新思維，作出無愧於時代的貢獻。

　　汪永泉先師爲楊式太極拳留下的寶貴遺產，應當進一步挖掘和整理。但是，許多楊式太極拳愛好者仍處於只知其然，不知其所以然的層次。大家都在苦苦求索，探尋其中的真諦。而這些奧秘並非太極拳界或一門學科可以勝任。需自然科學、生命科學等多方面

共同協作，這也是許多有識之士多年的夙願。孫德明老師也是擔頁這一使命的志願者之一。他與弟子們協作盡力，將有限的體驗、領會保留下來，以備後人進一步研究之用。在楊式太極拳技擊功夫方面，汪永泉先師生前介紹過的勁法不下幾十種，《楊式太極拳述真》一書整理歸納出來的只是一部分。在一系列精彩勁法中，常爲人們所稱道的是彈簧力的奧妙。就是內氣充盈達到鬆、散、通、空的程度所形成的「周身彈簧力」，使對方碰到我方任何部位時，都能反射到對方身上，使之自然彈跳出去。以至更高層次的神、意階段，用意念和眼神即可引導內氣運動。諸如這類優異的功夫，後人自當進行透徹的研究，並且練在自己身上，再傳給他人。汪永泉先師在談到自己的功夫時，謙虛地說「其實我沒有什麼，只不過是熟練」，質樸的語言表達了確切的真理──奇異的功夫是勤學苦練、潛心鑽研的結果。想輕易地找到竅門是不現實的，空泛的議論更不等於練就真功。在拳譜著述中，以語言文字表達高深功夫，自然有其局限性。在寫作過程中出現重重困難是不可避免的，要突破很難說清楚的難點，就要對拳架盡量作出明確解釋，必須考察追溯前人的著述和文獻，探尋其根源及來龍去脈。

　　協助孫老師整理授拳經驗，闡明招中有術、術中有招、招術結合，需要付出艱辛的勞動，具有高度頁責的決心和真誠奉獻的精神，才能保證完成這一使

命。對待寶貴的文化遺產，既要保持其本來面目，又要使後來人容易理解，從事這項工作，既要勇於探索，又要謙虛謹慎，盡可能使成果收到實效。草稿不但經孫老師指點，而且廣泛徵求了意見，接受批評和建議，認真修改和補充。

太極功夫既要講究武藝，又要弘揚武德。達到一定層次的內功勁法，經常使其他門派的對手折服。但是，太極功夫的基本精神應當體現在仁義舉止、平和心態，並非你死我活的爭鬥。處於趨向和平發展的當今世界，在技擊活動中更需要以善意切磋技藝，克服爭強好勝、獨霸一方的意念。不鬥狠、不傷人，強調的是博採眾長、技擊與養生的互補。在眾多同道求索的路途中，如同在不同方向攀登一座高山，雖然路徑不盡相同，但頂峰卻是同一個。求同存異，各抒己見，團結奮進，尤為重要。

孫德明老師教導學生時刻不忘言行一致的準則，整理並出版楊式太極大、中、小架系列解析的宗旨是，促進楊式太極拳繼承者們的交流與合作，使這項中華文化瑰寶能在世界上發揚光大。

弘揚太極文化更需要群策群力，互助合作，透過各種形式的交流，共同提高。整理孫德明老師的教學經驗，也要從幾代傳人的成就中汲取精華，並對不同的理解和想法作深入的研究，展開認真的討論。

中國社會科學院研究員　齊　一

我父親汪永泉傳授楊式太極拳的一生中，從學者眾多，正式收徒的只有兩批，第一批5人，第二批6人。孫德明是第二批中早已有太極拳功底的一位。

孫德明跟隨我父親汪永泉學拳之前，曾跟隨楊澄甫的另一位弟子崔毅士學習太極拳10年。在「文革」期間，崔老師遭受迫害，孫德明未回避政治風險，仍堅持學拳並給予老師經濟上、精神上的援助。

孫德明爲人謙遜、實在，很有人緣。崔老師去世後，孫德明十分仰慕我父親的太極功夫。他態度誠懇，追求執著，於是隨同中國社會科學院齊一、王平凡等人一起於1980年成爲第二批入室弟子。現在，我父親的入門弟子中，健在且技擊內功深厚的首推孫德明了。

孫德明較好地繼承了我父親傳授的太極拳養生和技擊兩種練法，這也充分說明我父親對他做人態度、功夫根底和勤奮好學的認同與偏愛。家父在中國社會科學院教拳期間，前後有幾十人參加學拳、練拳。授課之前，大都先讓孫德明帶領大家打拳，可見家父對他的器重。

雖然孫德明早年學過其他拳術，僅太極拳就先後歷經過三位老師，但在他接觸、體驗汪傳太極拳功法後，盡心竭力地刻苦鑽研、用心領悟，對以往所學由表及裡，去偽存眞、去粗取精，使他的太極拳功夫又有了長足的進步，所以他的推手功夫帶有濃厚的汪脈風格。

　　而今，孫德明不顧85歲高齡，每天仍練功不輟，同時還爲傳承這一文化遺產作著不懈努力。2006年4月，在我父親去世近二十年之際，眾多汪脈傳人和拳友召開的「紀念汪永泉老師」大會，孫德明是積極的支持者，並且在大會上做了表演。「永泉太極拳研究會」成立前後他也是積極參加和全力支持。

　　現在，孫德明與他的學生們一起研討太極拳眞功的奧秘，擬將多年的體驗、感受與拳架練法整理成書，傳承與弘揚楊式太極拳，作爲汪永泉之子，我深感欣慰。太極拳是中華傳統文化精華的組成部分，若有更多的人喜愛、傳承、挖掘和推廣，必將能夠更好地造福於人類。

永泉太極拳研究會會長　汪仲明

太極拳文化歷史悠久，源遠流長，博大精深，是中國傳統文化遺產中的一支奇葩，也是世界文化遺產不可多得的瑰寶。太極拳在養生、強體、防身、祛病等方面的作用被人們廣泛地接受，也越來越受到世界各國人士的關注。

在太極拳眾多門派中，楊式太極拳從楊露禪發展到今天將近二百年，遍佈世界各地，是普及最廣、最受人們喜愛的拳種。楊露禪到北京初傳陳式老（頭）二套、大架太極拳，隨後在傳授中逐漸進行了演化改進，到第二代楊班侯初改小架太極拳、楊健侯初改中架太極拳，到第三代楊少侯繼承小架及大架太極拳，楊澄甫改進爲大架太極拳。至此，楊式太極拳形成了大架、中架、小架三套各具特色的不同套路，從而完善了練法，豐富了內容。

而今流傳較爲普遍的是根據楊澄甫大架改版的簡化太極拳，與楊家傳統的拳術相去較遠，楊式太極拳的傳統老架也被世人疏遠逐漸陌生，遺失之危令人扼腕痛惜，就此延續幾盡滅絕。中華文化之興亡、民族遺產之永續是每個炎黃子孫義不容辭的責任，所以必

須對傳統太極拳不遺餘力、千方百計地進行發掘、搶救，使祖國優秀文化得以延續、傳承。

師傅孫德明係楊式太極拳第五代傳人，先後從藝三個明師大家，傳承脈絡清晰，集太極拳大、中、小架於一身。身處民間終身與拳相伴，多年默默教拳從不張揚，將終生所學無償傳授，品德風尚標榜於後人。孫師傅現再傳的楊式太極拳：大架是師從崔毅士再傳楊澄甫的原架；中架是師從汪永泉再傳楊健侯的原架；小架是師從商寶善再傳楊少侯的原架。三套拳架分別源於楊家兩代人的不同親授，演練方法完全不同，功法各有千秋，孫師傅不但能演練出拳架各自的風采，而且還能從內勁上展示出各自不同的特點，使後來者能品味到楊式太極拳原有的風格，進而從點滴中學習楊家功法的原汁原味，得以弘揚免於失傳。

本書中的技擊用法，在編寫過程中很多人不同意落筆。主要原因是：一是認為技擊實踐中千變萬化，隨機而動，哪有招式之說？二是招式的練法3冊書中均有說明，唯恐重複。三是有些體會是以前圖書中沒有的，是否正確還拿不準，貿然寫出來引起爭議、誤會在所難免。四是各種觀點、感受，隨功夫的長進，不斷變化，我們尚在學習階段，怎敢班門弄斧？然而，不得不寫的原因也有幾點：

一是因為有給汪永泉先師出書、收集音像資料不及時的前車之鑒，造成了無可挽回的損失。孫老師也

已進入耄耋之年，實不想再留任何遺憾。

二是在編寫過程中，申請下來北京社科研究項目，需要按計劃完成，並參加驗收。

三是套書內容分為大架與養生、中架與內功、小架與技擊，前兩本書的內容是楊譜所說的「文」，並無「武」與「用」。作為太極拳門類的資料，不夠全面，補充技擊用法勢在必行。

四是如果只有招式的用法，就與招式練法流於雷同。因此，這裡還介紹了一些內氣、內勁的聽法、用法，初步探討了神、意和氣勢的用法。

這些用法雖然不同，卻是一個連貫的系列，是由淺入深的必由之路。儘管越到高層越難以說明、解釋清楚，但由於這些都是太極拳不可或缺的部分，為了體現完整性，還是儘量補充了這方面的內容。

本書主要內容有楊式太極技擊功夫的基本原理和小架太極拳內勁功法的特點、楊式傳統小架太極拳套路圖解，以及練習方法與要求。以往太極拳類的圖書主要側重在力量、速度、技巧等方面的敘述，本書為免於雷同著重從靈虛、神定功夫的層面進行剖析，從根源上尋覓學習的捷徑，儘量使後學者簡單明瞭通達高水準、高意境。

我們編寫本書的初衷：一是完好地介紹楊式小架太極拳，儘量將自身感悟如實闡述，以利後人鑒賞評說；二是在傳統太極文化理念與太極拳實練之間架起

一座橋樑，使習練者自由往來其間獲得更多的文化滋養，拳藝產生質的飛躍；三是便於讀者全面瞭解太極拳，找到自身習拳的位置，少出偏頗。四是在百家言中闡述自家心得，在太極拳交流平臺上綻放個性新花；五是將太極拳從傳統文化、思想境界、心身狀態、思維方法四個方面進行解析，將太極哲理與平淡瑣碎生活相融合，宣導拳外有拳的理念，使養生、技擊的效果自然合一。

爲了更好地將楊式太極拳的文化精華保存下來，我們作爲楊式太極拳的後代傳人，頗感身之重任。面對太極拳的現狀，作爲承上啓下的一代不容有絲毫懈怠，必須完整繼承先哲拳藝，力求發展傳於後世；爲振興太極拳藝術腳踏實地從點滴做起，除了自身努力鑽研拳藝，還要全力將前輩們的寶貴經驗整理出來。因此，我們權當這是一次向同道請教、學習、共同探討的機會，僅就現有水準，將手頭文字和影像收集成冊。希望能提供、保留一些難得的參考資料，爲維護、延續這一傳統文化添磚加瓦，也爲太極拳的發掘、研究、推廣拋磚引玉。

編著者

目　錄

楊式太極拳技擊功夫的基本原理

（一）何謂推手？

推手是楊式太極拳習練擊技功夫的必由之路。按照一般教學程式，是在習練拳架達到一定程度的基礎上，開展對練的一種運動，對於養生與技擊都有很好的效果。楊式太極拳創始人在清朝乾隆年間借用了王宗岳的太極拳論的原理，但在發揮技擊功夫的部分，未採用「打手歌」中的拳理，而是以「推手」取代「打手」，也未採用陳式太極拳「揭手」的稱謂。一些太極拳研究者認為是受到宋代「雙抓手」名稱的影響，楊式太極拳的歷代宗師無不強調以柔克剛的要領，因而汪永泉先師在教學中常用「揉手」解說推手的動作和姿勢，於是在《楊式太極拳述真》中使用了揉手這一詞語。

楊譜《太極文武解》說：「文者，體也；武者，用也。文功在武用於精氣神也，為之體育；武功得文體於心身也，為之武事。」由此可見，太極拳無論養生練法還是技擊練法，在練的過程中統稱為「文」，只有在用於推手、技擊之中，才能稱之為「武」。

　　汪公門下傳人在解析技擊功夫時，並非一定完全使用老師的語言。經常聽到依然是「推手」，因為這一概念是武術界的習慣用語，其他門派普遍使用，所以我們在編寫《楊式太極拳大、中、小架系列解析》套書時，也用「推手」一詞。

　　太極拳推手以內功為主，最多利用一些力點、角度、部位上的技法，絕對不用硬功、拙力及挫筋、斷骨、點穴、抓閉等方法。推手不是角力、摔跤、拳擊，亦不受年齡、性別限制，而是在具有一定拳架與內功基礎之上，為提高練功趣味、增強養生功能的對練運動，也是進階技擊（散手）階段的必由之路。推手包括定步推手、活步推手、大捋、粘手等。推手過程又分接手、搭手、交手、比手、出手等，推手的內容有先手、後手、誘手、補手、軟手、硬手等，手又通式，掤、捋、擠、按為四正手，採、挒、肘、靠為四隅手，俗稱八門，另有五步，即前進、後退、左顧、右盼、中定。除了「手」，還有要領、有招，還有法，內容極其豐富。

　　推手是習練技擊功夫的重要階段，是掌握散打功夫的有利條件之一。關於散打的解釋，武術界有種種說法，有人認為散打就是散手。由媒體所見的技擊比賽項目中，類似西方的拳擊，又像東方的摔跤，還有仿跆拳道的腿腳，間或含有太極拳推手的招術，這種綜合性的打法必從一個側面流露出散手的影子。有人認為散手是把套路中的各式拆開單練，如果這種單練的宗旨是用於技擊，似乎接近於汪永泉先師所講授的「拆架子」，在《楊式太極拳述真》一書中記載的是：「拆架子。練習太極拳是學以致用，要

學會用就得拆架子……技擊功夫主要體現在招術的實際應用上，招是固定的、有形的，有時可以得心應手，有時就不起作用；術是靈活的，是無形的，是神、意、氣結合的運用，要求空靈而不僵實……交手時，不能只用招，不用術，也不能招術分離。應用神、意、氣與手法的結合，形成招中有術、術中有招。」這些說法是否有助於理解散手的真諦，可以進一步探討。

講解楊式太極拳技擊的原理，可以提高對技擊招術的認識。在思想上作好習練技擊的準備，打下不斷探索楊式太極拳技擊功夫的基礎，用理論指導實踐，以實踐驗證理論，重要的是身體力行，從實練中體現功夫的精進，為了達到這一目的，根據孫德明老師的教學活動和音像資料，在本書的第二部分，會詳細介紹孫老師的常用功法。

在初步介紹推手之際，還必須著重強調的是，只靠文字教材習練推手，很難取得理想的成績，必須求教於確有功夫的拳師，得到口傳心授的誠摯教導，在教學相長的條件下達到入門的目的，關鍵是學生的勤學苦練，「師傅領進門，修行在個人」，得熟練到「懂勁」，使「懂勁」到「階及神明」，成功之路往往是漫長的，絕非一日之功。

實踐是檢驗真理的唯一標準，功夫達到的程度才能證明一個人對太極拳術技擊功夫精通與否。

（二）如何理解用於推手的十三勢？

太極拳的基本原理源於《周易》和《道德經》等中華文化遺產，關於陰陽、五行、八卦的學說體現了老子的「道法自然」的樸素宇宙觀，是古人探索辯證規律的原始

方法論。從古至今，經過後人的解析和演繹，把這種理論和方法運用到中醫、氣功、武術以及其他領域，形成解決實際問題的獨特理念和做法。歷代武術理論中，許多門派用這種道理創造和解釋各自的動作、姿勢、招術、內氣等，太極拳十三勢便是其中的一種。此外，如八卦掌也屬於內家拳術，與太極拳有明顯的相似之處。

楊譜「太極上下名天地」云：「四手上下分天地，採挒肘靠有由去。採天靠地相應求，何患上下不既濟？若使挒肘習遠離，迷了乾坤遺嘆惜！此說亦明天地盤，進用肘挒歸人字。」

前面幾句尚好理解，大致是上下相隨、內外相合的意思。最後一句則有些費解，「天地盤」指的應該是陰陽相濟及十三勢的各自位置，「歸人字」又是何意呢？從十三勢排位看，肘挒是朝向左右斜後方，是這兩式的外形。而內功走向也可說是人字，肘勁由雙側向下貫穿，勁亦由勁源向雙側下方貫穿。不知其中還有別的含義否，有待商榷。

掤、挒、擠、按用於朝四正方向出擊，採、挒、肘、靠出擊的角度則是四隅。這種結構的安排符合陰陽魚和八卦圖形，在技擊功夫的要求中就是「支撐八方」、隨機應變，對立雙方都要以變化多端的招術相互應對，在這裡也顯現出易理的精髓。前進、後退容易理解，顧、盼是說明眼神，四方環繞中心反映了五行方位「中定」最為重要。太極拳的基本原理中，外形以「定身中正」為核心，內氣以「中正安舒」為要領。在技擊中要求「中心出手」，要達到這種要求並非外部條件而是內功基礎，沒有真正的靜

與鬆就不可能做到「中定」，沒有「中定」的功夫也就無法保持自己的平衡，同時也不能使對方失衡。太極拳的「中定」不是僵硬地守，使人無法撼動，而是靈活的「中定」，在巧妙的變易中使對方處於被動。

楊譜《太極正功解》說：「太極者圓也，無論內外、上下、左右，不離此圓也。太極者方也，無論內外、上下、左右，不離此方也。圓之出入，方之進退，隨方就圓之往來也。方為開展，圓為緊湊，方圓規矩之至，其孰能出此以外哉！」說的就是十三勢的方位。

楊式九訣之「十八在訣」云：「掤在兩臂，捋在掌中，擠在手背，按在腰攻。採在十指，挒在展肱，肘在屈使，靠在肩胸。進在雲手，退在轉肱，顧在三前，盼在七星。定在有隙，中在得橫，滯在雙重，通在單輕。虛在當守，實在必衝。」

楊式九訣之「八要」說：「掤要撐，捋要輕，擠要橫，按要攻，採要實，挒要驚，肘要衝，靠要崩。」講的都是十三式的主要勁道和用法。

將十三式綜合在技擊動作中，便可表現出太極拳術的奧妙。孫德明老師在教學中口傳心授，和學生們一起演練，並著重教授太極十三式在技擊中的運用，以逐步提高推手的水準。

為什麼關於十三式會有多種版本的講解？原因在於不同層次的訓練過程有不同的要求，並不是終點的不同。到了較高層次，十三式就不再是形體變化，而是氣勢的變化，因此將「式」改為「勢」。整體氣勢以排山倒海之勢襲來，如與對方較強氣勢相碰，不必接觸到軀體，便會有

感而動。

楊譜《對待用功法守中土》中說：「空之方中足有根，先明四正進退身。掤捋擠按自四手，須費功夫得其真。身體腰頂皆可以，粘黏連隨意氣均。運動知覺來相應，神是君位骨肉臣。分明火候七十二，天然乃武並乃文。」在這裡，楊譜僅用五句拳諺就將推手與技擊要領表述出來。然而，對於初學者或內功處於淺層習練者，是很難理解的。因此，需要在實踐中堅持不懈地摸索，積累經驗，深刻體悟拳理、拳法，多費些工夫才行。

（三）招與術用法的關係何在？

界內拳友，只要在練法上產生矛盾、分歧或不同觀點，多出現在這個問題上。楊譜《太極分文武三成解》中已明確指出：「文修於內，武修於外。」若文武兼修，「其修法內外，表裡成功集大成，即上乘也。」說明二者不可偏廢的道理。

在實踐中，真正要做到不偏不倚是非常困難的。每一位學練者根據自身條件、環境、體質等諸多原因，可能會有先文後武、或先武後文的練法。「由體育之文而得武事之武，或由武事之武而得體育之文，即中乘也。」無論在哪一種練法的基礎上，再強化另一方面的功夫，都為時不晚，只是不可執著地只認一面就好。如果只在一方面出類拔萃，「然獨知體育之文，不知武事而成者，或專武事，不為體育而成者，即小成也」。雖然宗師給予了招與術的全部肯定，但成色不同，怎樣練？

先師汪永泉先生就很注重文練——知己功夫，武練

——知彼功夫。在技擊練法掌握以後便要用聽手、推手、散手等習練方法加以檢驗、完善，向更高層次的功夫邁進。文武之道，相輔相成，偏缺不可。

在學習太極拳的群體中，有人只練拳架，追求淺層次的健身養生；有人專注推手，興趣只在技擊功夫；有人既學拳架又練推手，希望在互補中全面的發展。從實際效果來看，確有人由練拳改善或增強體質的先例；也有雖不練拳，只練術，但也有不同程度技擊功夫的能人。

不過有教學經驗的拳師還是主張把盤架子作為提高技擊內功的基礎，有些經驗之談也證實了推手與養生的終極目標的一致性。孫德明老師深受汪永泉先師教學思想的影響，遵照循序漸進、全面發展的方針，拳架與推手並重，力圖技擊與養生都能收到很好的效果。

有人只練太極拳架，一招一式都很認真，外形的表現也可以做到舒展大方，有如行雲流水，但是，如果缺少拳友之間的相互試手、聽勁，彼此很難瞭解功夫的深淺，很難做到功夫上手；也有人專練推手，不斷掌握有效的技法，對於某些招術運用熟練，能夠經常戰勝對手，但是，在經驗豐富的老拳師看來，這種功夫的缺陷、弱點往往很難達到更高境界。

上述兩種偏頗的習練途徑，都不可能收到養生與技擊全面發展的功效，其中關鍵的問題在於內氣的培養，必須由拳架與推手有機結合，才能逐步練就高超的內功。

在教學中，為了有重點地培育人才，還應當明確習練的目的性，汪永泉先師曾經說過：「養生的架子和技擊的架子是不同的，養生的架子練不出技擊功夫。」當他強調

太極拳的養生作用時，也談過自己的練功經驗：因為教技擊時，總難免連續不斷地發人，時間長了就有心裡空蕩蕩的感覺，所以，晚上在家裡就練收斂的拳架養生。

同樣是打拳架，帶著內功打與不帶內功打不一樣。帶內功時，屬於知覺運動；不帶內功時，屬於肢體運動。在養生與技擊練法中的作用也不相同。帶功養生是深層次養生，否則為淺層次養生。同樣帶功，養生的注意力、目的性與技擊不同，練法也有差別，但練的、用的是一種東西。技擊練法的身、手、步、眼、法都要以假想對手的不同部位為對象，一招一式不僅有強烈的技擊目的性，而且內功要加以配合形體走向無極狀態，開合動作都要對對手構成威脅。

無極狀態在練的過程中，也分步驟與層次，鬆、散、通、空就是其高度概括。習練者可根據自己的條件，進行不同階段的運作。並且這幾種知覺又在發展過程中相互作用、相互提高，如在有了散、通、空的知覺後，鬆就能升高一層，如此循環往復，永無終結。這也正是太極拳的魅力之所在。

關於鬆、散、通、空已在中架與內功練法一書中加以說明、解釋。在技擊用法上，就是一個「文」與「武」結合的過程。正如「文者，體也；武者，用也」。楊譜《太極文武解》說：「夫文武尤有火候之謂，在捲放得其時中，體育之本也。文武使於對待之際，在蓄發當其可者，武事之根也。」故云：「武事文為，柔軟體操也，精氣神之筋勁也；武事武用，剛硬武事也，心身之骨力也。文無武之預備，為之有體無用；武無文之侶伴，為之有用無

體。如獨木難支，孤掌不響。不惟體育，武事之功，事事諸如此理也。」

這裡辯證地說明和解釋了招與術的關係，比如：所謂以虛擊實，就是術結合招在發揮作用，術打擊對方沒鬆透的實點，但對方不給實點時，就要用招「欺」出實點來。再比如：所謂點中求，指的是拳譜中常說的「要點不要面，要兩面不便。」也就是用自身神意氣集中於一點，再貫穿指尖，手指在對方的接觸點上既不鬆開也不發放，用「氣」滲入、滲住對方，這裡主用術。在對方僵滯之時，再用身體其他部位腰、肩、胯、踝、肘等的內氣擊發，各種招均可使用，這裡不用招則反被人制。

因此，招與術如同太極之陰陽，是太極拳這一功夫的兩個不可分割的方面，相互聯繫、相互作用、相互配合，才能達到很好的技擊效果。

楊譜《太極文武解》還進一步解釋：「文者，內理也；武者，外數也。有外數無文理，必為血氣之勇，失於本來面目，欺敵必敗爾！有文理無外數，徒思安靜之學，未知用於採戰，差微則亡耳！」

自用、於人，文武二字之解，豈可不解哉！

（四）三套拳架的技擊有何特點？

從孫德明老師處所學三套架子中，每套架的用勁方法各不相同，在同一套架子中，也可以有多種勁法的使用。大致分為五種：大架主要用長勁，小架主要用短勁，中架則主要用斷勁、鬆沉勁和虛靈勁。

楊式太極拳大架偏重於綿綿不斷的十三勢，技法功力

的要求很高。俗語常說的：「看誰份兒大。」就是指此種長勁，較量的是勁道長、綿延不斷，誰斷誰被動，故有「逢斷必打」之說。

楊式太極拳小架用法則更接近於楊式九訣之「六合勁」，即擰裹、鑽翻、螺旋、崩炸、驚彈、抖搜，勁道較短，速度較快，在遇大力糾纏、頂靠、固守中比較有效。

中架也稱老六路。老六路楊式太極拳和楊澄甫的十八式太極拳基本相同，也有一些不同之處。前者是根據楊澄甫晚年在上海授拳的套路和動作，有出版的拳譜為據；後者是楊公早年和長輩一起習練拳術的老譜。汪永泉先師也是在這段時間就學於楊氏兩代傳人的，汪公晚年授拳依據老譜，當時在汪公門下練拳的弟子學到與傳世的八十八式拳譜不同之處是：老六路拳架的第一式的動作姿勢以及向另一式過渡的動作較多，在第三路三十九式之後是「小七星捶」一式，涵蓋了其他招式所不具備的肩、肘、腕、腰、胯、膝、踝七大部位可以全面攻擊的特點，而「小七星捶」在其他拳譜中是極少出現的。

汪永泉先師傳授的楊式太極拳推手的鮮明特點是，與對方接手時絕無相頂、拽、揪、拿之類動作，汪公常說：「手是指方向的」，和對方的手若即若離，發放自如，否則就發不出彈力。在用於技擊的功法中，顯示出輕靈、柔和、巧妙的特點，粘黏連隨以及彈簧力的發揮都能夠得心應手，因而往往產生引人入勝的效果。

用捋勁時靠的是點住對方死點的內功，使之全身不由自主，如此才能使粘黏的現象持久和拖長；拿法也是用內氣控制對方的關節，使之僵直被動，而不是用反關節的手

法使對方受到骨折重傷。關於下肢的作用，汪師強調的是重點立定而又移動靈活。說明分腳和蹬腳的要領在著力點，力要帶有彈性，從來不用外家拳式或摔跤之類的招術，諸如「使絆」、用強力攻擊對方腿腳的技巧等。從汪永泉先師晚年演練技擊的動作中可以看到前進、後退、左旋、右轉，步法輕靈沉穩，始終處於立身中正、泰然自若、中正安舒的狀態，不受四肢牽扯。在孫德明老師身上，也能看到老六路楊式太極拳的特點。

　　無論何種拳架，都有層次之分，正如拳家所言：「法分三修，成功一也。」所言成功一也，又有五乘功夫，曰：「骨、筋、髮、毛、氣。」自古傳承門路清，體用精求無虛華。磕格碰撞是骨打，全身五弓為筋發。皮打抖彈震死牛，毛髮鬆彈守三陽。氣形化一歸無象，陰陽互感通天下。凌空勁不達，體不鬆而用招，招不熟而言勁，勁不懂而煉氣，氣不感焉得通天下。《易》曰：易無思也，無為也，寂然不動，感而遂通天下。從這裡可以看出技擊功夫的最高境界何在。

　　太極拳的傳人中，不僅汪永泉先師和孫德明老師在承傳和發展上作出了一定貢獻，其他門派也有類似成績。例如吳式太極拳源於楊式太極拳，其柔和與緩慢的風格較前人尤為突出，推手的精彩招術亦有獨特之處；又如孫式太極拳，其創始人孫祿堂，融合形意拳、八卦掌、太極拳的要領，形成孫式太極拳的特點。

　　據其傳人孫劍雲的解說：「進展圓活，動作敏捷。既有形意拳的跟步，又有八卦掌的身法……故又稱活動太極拳、開合太極拳。」太極拳發展的史實表明，許多流派都

031

表現出各自的創意，都是武術遺產的寶貴財富，再高超的功夫也不可能成為絕頂或觀止。

（五）如何理解聽勁、問勁、懂勁？

在推手活動中，常見的現象是，功夫高強的人總是輕鬆地把功夫較差的發出，其實就是以巧勁勝拙勁，尤其是尚未掌握太極功夫的人慣使大力，更便於獲得「四兩撥千斤」的效果。汪永泉先師常和一位山東大漢試手，後者發出更遠。這種巧勁運用的前提條件便是由聽勁的功法，借助靈敏的觸覺感知對方來力的情況，以便迅速做出反應，使對方的強大來力反作用到他自己身上。

楊譜《太極體用解》說：「勁由於筋，力由於骨，如以持物論之，有力能執數百斤，是骨節、皮毛之外操也，故有硬力。如以全體之有勁，似不能持幾斤，是精氣之內壯也。雖然，若是功成後猶有妙出於硬力者，修身、體育之道有然也。」因此，聽勁時也要區分勁、力、氣、神的不同走勢。

問勁是在雙方接手時，試探對方來力的動態，如果對方也有相當的功底，不肯暴露自己的勁源來化解問勁，那就要變換問勁的技巧，引誘對方失卻警覺，流露發勁的意向，汪永泉先師曾用詼諧的語言形象地說明這種技法：「要是他想躲，你就欺負欺負他，輕輕地滲勁，逼他做出反應。」

懂勁是要懂得推手勁法的道理，確切理解和有效運用才能在推手運動中處於主動地位，因此，前人認為懂勁是從招熟到階及神明的重要步驟，在推手演練、較量、切磋

過程中，始終離不開懂勁的功夫，否則就不可能隨心所欲、得心應手。

楊譜《太極懂勁解》說：「自己懂勁，接及神明，為之文成。而後採戰身中之陰七十有二，無時不然。陽得其陰，水火既濟，乾坤交泰，性命葆真矣！

於人懂勁，視聽之際，遇而變化，自得曲誠之妙形，著明於不勞，運動知覺也。功至此，可為攸往咸宜，無須有心之運用耳！」

能夠懂勁已不易，掌握正確勁法更難。楊譜《太極輕重沉浮解》說：「雙重為病，幹於填實，與沉不同也；雙沉不為病，自爾騰虛，與重不一也。

雙浮為病，祇如漂渺，與輕不例也；雙輕不為病，天然輕靈，與浮不等也。

半輕半重不為病；偏輕偏重為病。半者，半有著落也，所以不為病；偏者，偏無著落也，所以為病。偏無著落，必失方圓；半有著落，豈出方圓？」

這裡的關鍵是「著落」二字，何為著落呢？大致應該有兩重意思。一為重心，也就是在推手過程中，無論外力還是本身出擊、防守中，都注意不要失去重心，哪怕半個身子保持重心也可以。半個身子怎麼保持呢？這就需要上下調整，如重心偏於左腿，要用右膊加以支撐，如走鋼絲一般，反之亦然。二為內氣，內氣的調配直接作用於軀體，決定重心平衡的穩定和用勁的分寸、範圍。需要長期的訓練、懂勁之後才能由對練進行核對總和研磨，稍有偏差，便是錯誤。

故有「半浮半沉為病，失於不及也；偏浮偏沉，失於

太過也。半重偏重，滯而不正也；半輕偏輕，靈而不圓也。半沉偏沉，虛而不正也；半浮偏浮，茫而不圓也」之說，真正掌握好分寸卻非常困難，而且與不同勁道的人聽勁，感覺、反映也會不同。調整起來，真是毫釐之間，便出現差池、失誤。如聽手拳友不能及時點撥，進步更難。

勁法從何練起呢？初學者可以從拳架練起。除了基本要領及無極功外，還要留意內氣「虛靈不昧，能致於外之清明，流行乎肢體也」。實際上也就是鬆到能「散」、能「通」，使內氣不僅充盈、隨意念運轉和循環，而且體內均勻彌漫之內氣，可以驟然按要求運行出體外，流動於身體各個需要它的部位。練到這一階段，便可用聽手來檢驗內氣分散、聚合的靈敏度及量度了。

孫老師常說：「東西少不要緊，練對了就行，越練越多。」它的意思就是方法對不等於功夫深，方法對只是一個質變，既從門外邁進了門內，要想攀登塔頂，還要堅持不懈地磨鍊、積累，這是一個量變過程，需要日積月累。

懂勁之後仍會出現「斷、接、俯、仰」的毛病。這是懂勁後，由低層次向高層次發展的必由之路。因此，不必困惑，只需進一步「知瞻眇顧盼之視覺，起落緩急之所知，內還撩了之運覺，轉換進退之動知」便是走向懂勁的高級階段。而這些由粗至精的感知，均要在與同層次或高層次同道、老師聽手過程中逐步領會、增強。

楊譜說：「頂、匾、丟、抗，失於對待也，所以為之病者，既失粘、黏、連、隨，何以得知覺運動？既不知己，焉能知人？」

做到粘、黏、連、隨、不丟不頂，關鍵在勁斷意不

斷、意斷神可接。斷勁雖不高明，但在失中救急時很有效。但是，如斷後不再續接，便會逢斷必打敗退無疑。所以，不怕斷而怕不接。這種接是靠神、意在起作用。既斷開勁以後，神、意還在對方身上，接手時更忌還帶著斷以前的勁，一定要乘機把勁全部泄掉，才能重新接手。否則，既不能粘黏連隨，也做不到不丟不頂。

自古以來的拳經拳譜，是用傳統武術的理論和語言表達懂勁等技擊技法，當代人習練武術，就不能忽視先進科學技術對武術的助益，體育院校及相關部門早已開展這方面的工作，試圖以力學尤其是人體活動力學說明推手等活動，已經有許多先例。當然，關於內氣等現象還有待進一步研究。

汪永泉先師晚年授拳，強調太極拳並不神秘，坦言自己的技擊功夫「不過是熟練」，並以邊試手邊講解的方法讓人懂勁，從無故弄玄虛的表現。由此不難看出，懂勁也是勤學苦練、潛心鑽研的結果，沒有捷徑可走。

技擊是太極拳的靈魂，一切練法都不能只限於餵手、推手、聽勁，還要在技擊中加以檢驗。技擊也稱散手，不限於規矩，但要合規矩。

懂勁懂得是什麼勁？應當是對方體內的勁道走向，以便在適當的時機提前截斷、阻滯或直接擊打對方來勢，而不是角力、擒拿、格鬥之爭。聽勁在初、中、高級階段，分別為骨感、皮感、毫感。在聽勁未及對方時，必然處於被動狀態。因此，聽勁、懂勁是技擊功法的基礎，首先要掌握和研磨這層功夫，而後才談得上引、拿、發等勁。

引化勁是一種吸、空勁，使對方被動地攀扶於自己的

勁道上，為己調動，或如同撲空、失重、不敢再添勁的感覺。正如陳鑫所說：「引進落空合即出。」發出是在引進、落空或拿住對方的前提下才能做到。否則，會被對方得機得勢。

引化完全要使用內功的功法，配合虛實、開合、呼吸、神意。只以外形引化，容易被人乘勢跟進，自己反處於被勢之中，或者根本引化不動人家。

所謂「拿」法，與陳式太極拳的「敷」法如出一轍，李亦畬指出：「氣雖尚在自己骨裡，而意恰在彼皮裡膜外之間，所謂『氣未到而意已吞』也。」這也正是真正做到粘黏連隨的關鍵，粘黏連隨也是用內氣、內勁將對方看住，既不給人當拐棍，也不隨便丟開對方，沒有極點，只要對方出現極點、硬點、或丟、跑的跡象，馬上出手，刻不容緩此為發勁，如此看來，聽、懂、引、拿、發的順序也是可練的過程與進階層次的順序，需要逐一攻克。

（六）如何理解內氣貫穿全身？

根據歷代宗師的傳授，楊式太極拳內功修煉的根莖落在「以意領氣，以氣運身」的要領上，在推手活動中就是要求內氣貫穿。

楊譜《太極力氣解》說：「氣走於膜、絡、筋、脈，力出於血、肉、皮、骨。故有力者皆外壯於皮骨，形也；有氣者是內壯於筋脈，象也。氣血功於內壯，血功於外壯。要之，明於『氣血』二字之功能，自知力氣之由來矣！知氣力之所以然，自能知用力、行氣之分別。行氣於筋脈，用力於皮骨，大不相侔也。」

只要內氣練出來了，無論壓縮還是舒散，都會產生一種神奇的效果，只是整個過程存在能量之別而已。不能一步到位。在練用法的時候，可以由淺入深，一層層滲透，從對方皮、肉、筋、膜、骨髓漸漸深入，不用力，最終才可達到神意可克敵制勝的目的。

　　體現在肢體相關部位上，在前人拳論中常有「勁起於腳跟，主宰於腰，發於脊背，達於兩膀，形於手指」之類的表述，也就是身體上有關節活動的部位不能僵硬或散亂。上肢動作出了故障和下肢有直接關係，上下相隨的要求也基於這一原理，一動無有不動、連綿不斷、如行雲流水的表現形式，含有內氣貫穿全身的內容。

　　腳是支撐全身的根基，在推手時，常見功夫較好的一方推手，使用粘黏勁吸引對方接手點，功夫較差的一方立即腳跟離地，陷於被動。這一剎那也顯現出手、膀、背、腰、胯、肘直至腿腳的串通。反之，「力由脊發」的說法又表明內勁的發出正是這一連串關節點在起作用。

　　《楊式太極拳述真》中解析「九曲珠」的部分，形象地說明了有關的道理：「……想周身的動作好像是由一條線串起來的九個珠子的運動。」所謂珠子，指的是各大關節，如頸、肩、肘、腕、腰、骶、胯、膝、踝。中間的一顆非常重要，一方面要給前四顆珠子（即上半身）做後援，另一方面又要保持後四顆珠子（即下半身）的鬆軟圓活。也有人將此比喻為提線木偶，將內氣比喻為線繩，用拉緊、放鬆來支配木偶的所有動作。所有說法都是比喻，實際上並無其物，只需領會精神便可。

　　孫老師在練氣教學中大致分為以下5個階段：

1. 揉開 這一階段以拳架的準確、熟練為主，並且有意識的逐漸以形帶氣，使鬆沉進一步向調氣發展。

2. 養氣 以養生和涵養中和之氣為主，使內氣充盈至動作的各個部位，直至末梢，並以氣梳理整體百骸，做到一動無有不動，不會顧此失彼。

3. 時機 透過聽勁、問勁、懂勁，進一步掌握開合、吞吐、發放的最佳分寸。鬆沉勁不僅作用於自身各種勁法，還要作用於對方，影響對方。

4. 配合 不僅是內三合、外三合，而且身體各部位均可根據需要內外相配合。招的使用與術的配合，術的訓練與招的結合。著重對無極狀態與陰陽各態的變幻自如的訓練。

5. 神意 從去掉意念與形體上的主動性著手，強化練氣還神，用意念主導內氣，以神意氣催化形體。

（七）如何理解腰為主宰？

當內氣貫穿全身，四肢的各個關節點串連自如時，腰發揮承上啟下的中樞作用，它是上下相隨的關鍵部位。習練楊式太極拳歷代宗師曾以「主宰於腰」「腰為蠹」「腰為軸」「腰為驅使」等強調腰功的重要。

楊譜《身形腰頂》訣曰：「身形腰頂豈可無？缺一何必費工夫！腰頂窮研生不已，身形順我自伸舒。捨此真理終何極？十年數載亦糊塗！」

在推手活動中、在任何形勢下，都必須始終保持腰的靈活，如果出現僵硬和散亂，必敗無疑。武術界早有「太極腰、八卦步」的說法，可見腰在太極拳推手中的重要位

置，腰功的運用起著決定性的作用。因此，前人的拳論中有云：「掌、腕、肘和肩、背、腰、胯、膝、腳，上下九節勁，節節腰中發。」

楊譜有「太極圖」之說：「退圈容易進圈難，不離腰頂後與前。所難中土不離位，退易進難仔細研。此為動功非站定，倚身進退並比肩。能如水磨催急緩，雲龍風虎象周旋。要用天盤從此覓，久而久之出天然。」關於太極圈的說法，大約有兩種：一種為各自身為一太極圈，時時想到立中的重要性，不要失中。至於「進圈」，主要靠腰功與腿功完成。另一種是推手雙方為一太極圈，利用對方的來去權衡進退，保持自己的平衡，腰腿主持與對方周旋、攻擊的功能，與對方協調一致，渾然一體。

無論哪種太極圈，中心都是在雙方較量中不能失中。在此前提下還要運動，並讓對方失中。進兩人之圈或進一人之圈，進攻中都存在著失中的危險，因此肩、胯圈要穩，僅利用腰圈出擊，既便在進、退步時仍如此。同時，腰又不能硬旋，還要圓活、靈敏，如此才能達到「水磨」與「周旋」的要求。

在運用掤、捋、擠、按、發落勁無不以腰為後援。化解來勁不僅要腰的靈敏圓活，而且腰的部位與臍下小腹相呼應，有助於調動丹田之氣貫注四肢百骸，實現意氣貫穿全身。推手的要領源於拳架，中正安舒、立身中正也是推手的基本要求，脊椎與地面垂直才能百會穴朝天，實現「虛靈頂勁」。

腰胯放鬆才能使內氣充盈，做到「支撐八方」，無論盤架或是推手都要保持這種姿勢，不能前俯後仰、左右搖

擺，調整這類基本要求的偏差也要靠腰的功夫。

訓練腰功，除了在練拳架和推手中時刻遵循規則，在進入正式練功之前，還要進行一些準備活動，正如各種體育項目都有熱身活動一樣，楊式太極拳必有類似的訓練程式，汪永泉先師晚年教學便是如此，孫德明老師和其他弟子都體驗過這種訓練。當他帶領習練時，首先就是用一段時間晃腰，即按環形運動腰部，其要領是兩膝以站樁姿勢定位，沿正、逆時針轉動軌跡交替圓轉多次，晃腰只限於腰關節動作，並非腰胯一起晃出較大的圓圈。從其他拳譜中，也可以看到記載。從這裡也可以看出腰功的重要。

（八）如何理解關於力點的作用？

楊式太極拳宗師楊建侯在傳授拳術時，把人的身體比做大鐘，鐘的中心有連結鐘頂與鐘的繩索，與地面垂直，自上而下分為五個點——頂點（位於人的咽喉下方）、上死點（在頂點和靈活點之間）、靈活點（相當於人的胸口）、下死點（在靈活點和下垂點之間）、下垂點（位於兩胯之中），各點分佈在垂直線上，相互都有連帶關係。這一原理在推手中有較為廣泛的運用。此外，在講解步法時，說明了實步與虛步的變換，如何保持平衡和穩定，並曾在前後腳之間分作五個點，前面以鐘喻人所講的垂直線基本與第三點相對，在推手活動中，重心最好只在二、四點之間轉移，最靠近前後腳的點分別稱為一、五點。倘若超過一、五點，必然前俯後仰。

汪永泉先師授拳也援用這種講解方法，其實這一原理也可以用實證科學加以解釋。在中學的物理課本中講力學

部分都有相關內容。簡單說來就是重心不能離開底基，在力學術語中，力起作用的點稱為力點，太極拳術語中的著力點指的是可以著力之點，汪公曾用前人成語「發落點對即成功」解說相關原理，並用「一接點中求」說明一接手就控制住對方的勁源的要領。當學生問到用引勁時粘不住對方的手，使之隨著自己的意向在失控狀態下行動時，汪公的回答是：「因為你沒有上點。」這就是說，還沒有練就控制對方力點的內功勁法，並且沒有掌握好點的分寸。

　　凡是知道楊譜《太極平準腰頂解》中的「平」是天平的簡稱，對於其中含義便容易領會。兩手是天平的託盤，從胸門至尾閭是天平的支架，頭為支點起平衡作用。天平只是比喻，講的還是保持平衡與立中的要領。

　　楊譜《太極四隅解》進一步說明四隅作用於「病手」的緣由。「緣人外之肢體，內之神氣，弗得輕靈方圓四正之功，始出輕重浮沉之病，則有隅矣！」明確指出，由於一開始不知道四隅的重要作用，以及由正變隅的靈活性，都在於扶正種種病手。是使用正手不當失去平衡之後的輔佐方法。因此，在利用隅手調整身法之後，仍然要恢復到「大中至正」的根本上來。四隅僅僅是「失體補缺」時用的權宜之計，「立中」才是根本。據說練到高層次，應具有凌空勁，到處都找不到力點。

　　在孫老師的教學實踐中，可以看到和他一接手就陷於被動，東倒西歪，甚至立即跌出的現象。也充分反映出力學原理的實質，以及這一原理在推手運動中的重要意義。在武術界通用的術語中，還把這種功夫稱為拿勁或拿法，不過楊式太極拳推手的拿勁發展到今天，已經顯示出與外

家拳的根本區別，不但不能用抓、閉之類硬招，而且要表現出輕靈、巧妙的特色，無論試手或競技，功夫較深的拳師往往得心應手，只要一開始就做到「發落點對」，便能在千變萬化中達到成功。

楊式九訣還有「全力法」：「前足奪後足，後足站前蹤。前後成直線，五行主力攻，打人如親嘴，手到身要擁。左右一面站，單臂克雙功。」這其中既有力點的作用，也有如何利用、使用力點的方法。

孫老師在講到「親嘴」時，學友無不竊笑。老師一臉嚴肅：「這可不是說著玩吶。」練習的是要把氣從腳下面提到嘴上，真的發放出去才行。並親身示範，還沒粘到人，就把學生「親」得蹦出很遠，大家才如醍醐灌頂般猛醒：原來，字面上的道理我們理解的是多麼浮淺啊！

042

（九）如何理解各種主要的內功勁法？

楊式太極拳推手運動有其鮮明的特色，個人習練拳架和與人推手的動作，保持著週而復始的環形運轉狀態，呈現出太極最基本理念的發揮，這種「以意導氣，以氣運身」的內功勁法，與用力出擊、直出直入的勁法有明顯的區別，修煉這種內功勁法，首先就要捨棄習以為常的拙勁，追求全身放鬆，經過長期的勤學苦練，才能達到「外柔內剛」，如太極拳十要中所說：「太極功夫純熟之人，臂膊如綿裹鐵，分量極重。」

在汪永泉先師門下學習的人們都有過這種感受，搭手時完全看不出老師有任何動作，自己就覺得兩臂受到擎不住的重大壓力，問到緣故，回答是：「用了鬆沉勁。」

楊譜《太極下乘武事解》說：「太極之武事，外操柔軟，內含堅剛。而求柔軟之於外，久而久之，自得內之堅剛。非有心之堅剛，實有心之柔軟也。所難者，內要含蓄堅剛而不外施，終柔軟而迎敵。以柔軟而應堅剛，使堅剛盡化無有矣！」這種內功勁法看似神奇，其實並不神秘，前人的拳書中已經有過十分確切又不全面的表述：「外柔內剛，柔中寓剛；不僵不滯，曲伸靈活，勁不上浮，形不外露；神凝氣沉，功蘊於內；忽隱忽現，變幻莫測。」

只要有真功夫的老師誠心指導，學生有決心和毅力鑽研苦練，掌握招與術的規律，就可以在不同程度上達到上述標準。

孫老師很好地繼承了汪永泉先師功夫的一大特點，即善用滲勁。滲勁就是一種瞬間滲入對方體內的勁道，進行深層次聽勁、問勁、懂勁，並及時捕捉到時機、火候，隨意引進落空，或驚、斷、彈、抖、吸、放、崩、炸。滲勁的前提是鬆沉，掌握鬆沉勁時，起碼要有淺層次的鬆、散、通、空的功夫。方法不外乎從頭至腳、從內至外的放鬆，經過一段時間的練習，便可將蓄積的內氣通過意念鬆到對方身上，這就是最初步的滲勁，越練越多。

楊式太極拳歷代宗師根據實踐經驗總結出許多種勁法，汪永泉先師摘要傳授其中一部分，在這裡只能簡要說明常見多用的幾種勁。例如彈勁，即彈簧力。在用彈勁時要先蓄後發，借對方之力壓縮彈簧，然後猛然撒放，將對方彈出。彈簧力取決於內氣的鼓蕩和體內「鐘錘」的前後擺動。又如磨勁，接手時，在接觸點上沿平圓軌跡轉動，手與肘相互配合，恰似研墨，手肘由內向外磨轉時要有拋

出之意，來力必被甩出；由外向內磨轉時猶如漩渦向裡施捲，使來力墜入漩渦之中。再如拍勁，要求手不用力，腕部靈活不僵，將腰部的內勁由肘通向掌，由掌拍出手外，拍在對方身上如同提東西，對方不應感到疼痛，對方被拍會像皮球那樣跳起。當年在汪老指導體現拍勁時，即使功夫較淺的學生偶爾也能把對手拍得跳起來，這一事實表明，內功勁法並不神秘，一般人都能學會，只要在老師指導下認真習練。

功夫的習練要有先後程式，比如一定先練開展，後練緊湊。緊湊練成，才講尺、寸、分、毫。分寸練成，才講節膜、拿脈、抓筋、閉穴。

楊譜說：「膜若節之，血不周流。脈若拿之，氣難行走。筋若抓之，身無主地。穴若閉之，神昏氣暗……如得節、拿、抓、閉之功，非得點傳不可。」但是，由於種種原因，練到分寸火候功夫，老師就不再往下教了，致使傳統技藝的傳授逐漸衰弱。這正是今後需要認真體悟、挖掘、研究的東西。

此外，前人的一些拳術中介紹的內功勁法，也有許多常見多用的，例如，側粘勁是在引進落空時必用的，還有纏絲勁是在推手的發放動作中經常使用的模擬螺旋的動作，順纏逆纏配合其他勁法都能起到強化作用。

楊式太極拳歷代傳人在內功勁法方面積累了豐富的經驗，其他門派也提供了無數先例，在推手領域作出豐富多彩的貢獻。孫德明老師承傳汪公的內功勁法，並且吸取各自之優長，在教學中取得優異成績，學生們不斷體驗諸多勁法奧妙，感悟其中的太極原理。

楊譜《太極補瀉氣力解》說：「補氣瀉力於人之法，均為加過於人矣。補氣名曰『結氣法』。瀉力名曰『空力法』。」瞭解這兩法之後，才能明白「太極空結挫揉論」中提到的「挫空、挫結、揉空、揉結」指的是什麼。

　　楊譜《太極字字解》說：「挫、揉、捶、打於人（己）、按、摩、推、拿於人（己），開、合、升、降於人（己），此十二字皆用手也。」對於初學者來說，這些用法僅限於手的外形。越往深層練，內功的成分越多，直至外形僅呈現上述動作的狀態，看不到明顯動作，便可起到控制調動對方的作用。

　　汪永泉先師晚年坐在輪椅上，僅伸出雙手，前來接手聽手者無不彈跳、傾跌。因此，便有「拳」是功夫載體的說法，與「功夫上手」是一個意思。也就是身上的功夫最終要貫穿到手上，並且強化到與身體等量的程度。

　　聽手過程中，孫老師常告誡：「不要讓人摸到你的勁。」學生心裡多沒底「那摸到怎麼辦？」「化呀！」「怎麼化？」「瀉掉。」剛開始不明白這個「瀉」是什麼意思，現在看來，就是楊譜所說的「空力法」。

　　「那別人要是瀉在前頭怎麼辦？」「能進就進」這也就是「結氣法」的作用，也就是把內勁如球囊般添進對方騰出的空檔來，再充進氣去，使對方再添力便像「錢投鼓，球碰壁」般自己反彈出去。

（十）如何理解「亂環訣」？

　　楊式太極拳的歷代傳人都非常重視祖傳的「亂環訣」，有的拳書也引用過其原文：「亂環法術最難通，上

下隨合妙無窮。陷敵深入亂環內，四兩千斤著法成。手腳齊進橫豎找，掌中亂環落不空。欲知環中法何在，發落點對即成功。」汪永泉先師根據一生實踐經驗，又補充幾句新的口訣：「雙環一套十字生，十字四端皆弧形。唯有當中是實點，還要圍繞環邊行。十字交點一錯位，四兩千斤亦可乘。掌中亂環橫豎找，亂環法術在於通。」

　　在汪永泉先師傳授這一口訣時，總是結合試手動作加以解說，根據孫德明老師和當時學習的記憶，我們有了一些初步理解，並在試手中體會這一口訣深刻的含義。若從基本原理來考察，深感這些文字所描述的推手活動全面地顯示出太極圖形在十三勢的運作過程，週而復始、一以貫之、千變萬化、切中要害的哲理。

　　在孫老師教導下習練推手，從他的招術運用中也可以領悟到，凡是得心應手的勁法都是符合上述原理的，從而啟發我們作進一步具體的思索，簡單地概括起來，產生了一些比較準確的概念、方法。

　　① 上下相隨表現出一種系統化的整體動作，其圓活變易的形式顯示著太極理念的核心內容。正是在這種精神實質的支配之下，在推手過程中才能產生「四兩撥千斤」的現象。

　　② 按汪公傳授「亂環訣」時的說法，人體兩臂抬起便形成橫平豎直的十字，兩手引導上下肢圓活動轉，其中心即在十字的交叉點，也就是實點從自己中心發出的內勁達到對方的中心，即控制住對方，從而掌握主動的成功關鍵。恰似太極圖上陰陽魚眼兩點連成一線。

　　③ 十字的橫和圍繞前後左右的平圈相呼應，十字的豎

和上下前後的立圈相呼應，平圈立圈交叉圓轉，形成方向和角度的千變萬化，無論是大動作還是小動作都呈現圓圈、弧形、螺旋的軌跡。無論四正四隅、左傾右斜，無論十三式中任何一式，只要陷入靈敏輕巧、變化無窮的「亂環」之中，必敗無疑。要達到這種境界，必須從楊式太極拳術的基本功練起，確實有了鬆、散、通、空的內功才有可能掌握「亂環訣」的用法。

關於技擊用法，有形形色色的看法，有的甚至根本不同意寫出來。因為，真到實戰中沒有固定的招式與用法，完全要根據瞬間的變化，當機立斷，而寫出的用法只能是言有盡而意無窮，很難描述得清晰、透徹。而且，關於一個式子的用法，可能會有多種解釋，這裡不能詳細敘述，更不能作為標準。只要言之有理，可以有多種說法，不是只有一個正確觀點。

（十一）為何要一人一方？

各人體質不同、學拳經歷不同、日常習慣不同等原因，造成其承受招術的能量、區位不同。因此，同樣的招術，可能對待某些人適合，但換個人可能就不適合，或作用很小。當然，如果到了極高層次，就不存在這個問題了。但是，絕大多數拳友尚在前進的路途中，以我們的教訓看，有時會因某些招術的「不靈」，而轉覓他途，往往繞一個大圈子，又回到原點，白白浪費了許多寶貴的時間和精力。

太極拳既然與中醫有相通之處，中醫一人一方的特點也就體現在太極拳的技擊用法中。我們儘管去瞭解人的基

本結構和藥性、藥理，蓄存盡可能多的良藥，掌握常見的病例，不一定要到處挖秘方，也不一定百病包治。但一定要靈活、客觀地對待特殊、不同的情況。問勁就如同號脈一樣，在聽不懂脈象的前提下，千萬不能亂投藥。但也不能在醫術不精之際，不敢實踐、怯步不前。即使給高手當靶子，也是一種學習的方法。自己在練拳的同時，拳也在練自己，合規矩就是要改變不附合拳理拳法的毛病，逐漸成長、提高。除純養生的目的之外，不僅要習文，也要習武。把學來的一點一滴應用到對練中，鞏固已有的，學習不足的，體驗千變萬化的拳法與個人不同的應對方法。不能墨守成規，讓定式捆住手腳，而應根據具體情況，隨機應變，靈活掌握，這才附合中醫一人一方的特點。正如孫老師所說：「你得練成油鹽店，要什麼給什麼。」說明了物件不同、招術不同的道理。

聽手時，對方在技擊過程中處處都是點，無論是圓、是圈、是線、是面都是點組成的。自己的這些點也在尋找對方的點，可以尋機攻擊對方的點，也可以不理對方的點，每個人的勁道、反映、意境都不相同。這些變化，各有各方，但最要緊的是先得有藥才行。

（十二）楊式太極拳技擊的原則和禁忌

在這裡討論的推手是技擊運動中的一個項目，它是特定的範疇。它既不是過去擂臺上的你死我活的格鬥，也與體育競技場散打比賽有別。尤其是楊式太極拳傳人汪永泉先師，一向恪守與人為善的原則，從無蓄意傷人的劣跡，在武術界素有「手善」的讚譽。在汪公的教學活動中，有

時必講解一些絕活，例如：摘下巴、卸膀子、傷腰之類技法，但是隨即警告，這類招術在推手中是絕對禁用的。他晚年宣導的推手是強身健體的運動，在旁觀者看來似乎還有遊戲色彩，實際上是一種傳統文化的傳播。長期以來，孫德明老師也是本著這種精神教拳，深受人們的尊重。

　　太極拳門派眾多，對於推手的理解各有不同，約定俗成的行為準則並不一致，例如，有的太極拳著作中就傳授撞膝、鉤腳、撇腿等技法。但是，太極拳運動在國內外推廣的今天，一般都朝著高尚的拳德、拳風方向發展，從而自然形成某些禁忌，例如：避免推、撞、揪、掠等手法，禁用冷勁、斷勁等內功勁法造成內傷。提倡互動合作，共同切磋的精神，點到為止。只圖體驗彼此的功夫，有的太極拳著作甚至指出要防止跌撲，我們認為在習練推手時，老師與學生或學生之間試手，不應過分約束，教學相長，老師可以發出學生，學生也可以發出老師，倘若曲解「尊師重道」「師道尊嚴」，老師放不下架子，學生顧全面子，功夫就很難長進。況且，應對發勁早有化解方法，汪永泉先師與人試手時，對方騰空而起即將跌出的剎那間及時揪住衣袖。同時，教導學生如何卸力。在孫老師周圍習練推手成績較好的門生，均能做出彈跳出局時兩腳先後落地輕巧優美的姿勢。拳藝的切磋也應當不分門派，即使是外國的拳術也不妨交流和比賽，互相學習增進友誼。

　　汪永泉先師生前常講，在飛機場和美國兵的拳擊較量，只輕輕托肘就使對方飛上高大窗臺的故事。而在歷史上武術大師擊敗外國大力士的故事在電影和電視上多次出現，如實有其人的霍元甲，幾乎是家喻戶曉的人物。

在民間約定俗成的準則之外，還有體育領導部門制定的《太極拳推手暫行競賽規則》之類的文件。要使這類文件能夠得以普遍的貫徹執行是相當困難的，有效的克服辦法是不斷汲取民間準則的合理內容，使權威性規章條例容易實行，同時還要發揮道德和法制的約束力，對於違規的惡劣行為，只有經常引起輿論批評，得到法律制裁才能收到實效。

（十三）習練技擊功夫還有哪些應當關注的事情？

1.端正武藝與武德的態度

在中國武術發展的歷程中，長期存在某些消極影響。例如：有保留的傳授，練就優異功夫的老師不肯將全部要領誠摯地教會學生，因而導致許多絕技失傳。又如，在武藝方面稍有成就，便滋生驕傲自大情緒，妄圖稱霸的行為往往使群體失和。這類常見的現象證明，在武術界提倡武德十分重要。習武者應當確認武術文化遺產的流傳，是中華文化的炫麗瑰寶，是歷代宗師心血的積澱，是全民族的寶貴財富，不應當視為私人財產。明智的拳師和武術愛好者，理當把認真傳授當做一種義務和責任，回報社會。

在中華武術走向世界的今天，對外國武術愛好者也應當一視同仁，毫無保留地交流和傳授。

2.深入研究、挖掘太極拳內涵

喜愛太極拳的同道，從入門起，無不在追尋太極拳的

真諦。至今，仍有不少人沒弄明白太極拳練的到底是什麼。僅在招與術的問題上爭論不休的還大有人在。其實，楊譜中對這個問題已有明確闡述，但在實踐中，還存在一些誤區。有時，在練的過程中，沒分初、中、高不同層次區別對待，急於求成，用相關術的要領去指導還沒練成術的初學者，或只用相關招式、巧勁、力學研討用法，這些都有悖於楊譜明確指出太極拳是「知覺運動」的主旨。

關於怎麼練的問題，也是眾說紛紜，好在前人提供了經典拳譜。目前也有大量的文字材料可供參考，但熟知定義並不等於功夫上身。因此，尚有許多寶貴的經驗要從在世的高功師傅處學習，也有待廣大同道相互切磋、交流。

至於太極拳為什麼會出現那樣不可思議的技擊現象，還有待各界人士借助科研手段進一步探索。

051

3. 理順承傳和創新的關係

古代習武多與軍事密切相關，受到廣泛關注。鑽研精益求精，世界各個民族都有各自的武技傳統。科學技術的逐步發展，武術研究反倒不如過去精深。歷史條件的變遷，在安全保衛、強身健體、體育競技等領域，仍給武術留有廣泛的發展空間。可惜的是自古流傳下來的許多絕技已經失傳，目前急切需要解決的問題是拯救瀕臨消失的寶貴遺產，挖掘其中罕見的奧秘，同時，必須提倡和鼓勵創新，不能滿足於承傳中取得的成績，保留在已經達到的水準上。有創意的理論實踐與尊師重道並不矛盾，老師應當把青出於藍的學生視為自己的成就，學生也該對超越前人武藝感到自豪。國家科技獎呼喚青年冒尖，武術界也應當

提倡這種精神。楊式太極拳承傳不能只靠中老年，尤其是技擊功夫的訓練，要和培養各門藝術及其他體育人才一樣，從青少年起步。汪永泉先師晚年就曾建議從體育學院武術系選擇合適的學生，重點培養。

在有適當條件的地方舉辦少年班，也是一項較好的辦法，歷史上武藝高超的拳師，許多都是自幼練功。孫德明老師也是從年輕的時候開始練武，打下堅實基礎的。

4. 推動互助與合作的事業

目前，在境內外各地區習練楊式太極拳群體眾多，其中對技擊功夫有較深造詣的拳師周圍，常聚集許多股切求教的學生。為了提高教學與研究的效果，各個群體應當相互交流經驗和心得，不僅同一門派的人們有互助合作的必要，不同門派的師生也應當建立這種具有積極意義的良好關係。

同時，還應當加強傳統拳論與現代科學相結合的教學與研究工作。體育院校的相關部門已經做了許多有益的工作，群眾團體也要借鑒先進經驗，在實證科學中，有許多學科與武術活動直接相關，尤其是人體運動力學等生命科學，有許多原理可以解析汪脈的技擊動作。此外，有的現代科學技術也可以協助探索拳術中某些奧秘。例如：汪永泉先師在協和醫院工作時期，醫學專業人員就曾用X光透視汪公運氣的手，在膠片上的五指前有光線的顯現，當時尚不知這種發現能夠說明什麼問題。無論如何，從中西醫結合的成果中不難看出，選擇類似的途徑是可取的，因為它能夠逐步解決一些只知其然不知其所以然的疑難問題。

楊式太極拳小架內勁功法的特點

（一）力與內勁的關係及分化勁和混合勁的區別

太極拳功夫是以育養內勁為根基，站樁和盤架子是瞭解自身打基礎的必然階段。站樁、盤架子合於規範後，才會有內勁產生，逐日積蓄越來越堅實，從而奠定深厚的功底。盤架子和揉手是太極拳動功的兩門必修課，多數人是先學盤架子，然後再學揉手；也有少數人只揉手，不盤架子。這些都無可厚非，但有條件的最好先站樁，有了築基的樁功，再盤架子、揉手同時並進，這樣容易獲得事半功倍的效果。

因為揉手是檢驗功夫上身的一種手段，只有透過揉手才能體悟內勁，才能逐漸感悟變化的奧妙。由盤架子到揉手逐步深化達到知己之功是一個漫長過程，此間必須經明師的點化，才會逐步掌握聽、懂、引、拿、發的微妙，最終邁向太極拳高層次的殿堂。

通常認為楊式太極拳大、中、小三套拳架，只是架勢略有區別，並無根本差異，實際上三套拳架外形走勢不盡

相同，內勁更是各具特色。大架練的是「開中開」，體現「面與展」的功夫，講究「漲」，注重「平送」勁；中架練的是「合中合」，體現「點虛實」的功夫，講究「整」，注重「斷拍」勁；小架練的是「撐裹鑽」，體現「點化無」的功夫，講究「活」，注重「點寸」勁。

楊家不同拳架功法各有千秋，各藏玄妙，三環套月，更迭即進，由淺入深，「面」中「點」，「點」而「無」。三套拳架如何演化而成，無詳可考，但功夫確是同出一轍。所以，學楊式太極拳的哪套架子並不重要，重要的是不能丟失楊家功夫的根底。否則就會走彎路，或者拳藝進展緩慢，甚至終生真功上不了身。但只要謹守求真之心，學哪種拳架子都無關緊要，終會有所收穫。

談到小架內勁就必然涉及力的問題，到底什麼是力？什麼是內勁？必須將二者區別清楚，內勁是由神、意、氣的化合、集中而形成的一種「勢能」，這種「勢能」看不見摸不著，但能明顯感覺到，雖然無形無象，但確係是以物質而存在的。因為這種物質是屬於人體的軟體系統，是脫開形體之力虛擬化的東西，所以自身不易察覺，往往自己愈無感覺，內勁反而就愈純正。

力則完全不同，力的大小完全是由肢體力量而決定，自身必然感覺明顯，自然也就心知肚明。

「內勁」有兩種：神、意、氣相合，其中如果是自身之氣，這種氣必然游離於「力」之間，集中生成的「內勁」就是意與力相混和的產物，雖然比「力」強似百倍，但與另一種「內勁」相差甚遠；另一種其中之氣不在自身，而是體外自然之元氣，納天地之氣於神意相合，其威

不可言喻。前一種「內勁」有「力」的成分，也不純正，權且稱謂為「勁」，後一種「內勁」才是拳道所云的太極拳真功。可以看出「內勁」與「力」的性質是完全不同的，雖然全在人體中生成，但有著本質的區別。「力」相裹於肌體間完全體現在外表；「內勁」則潛藏於體內的神、意、氣中，外表不易顯露。

　　許多人揉手中習慣將「勁」和「力」絞在一起，在此暫且命名為「混合勁」，這種勁從根本上有悖太極拳「用意不用力」的原則。太極拳功夫求的是內勁，而不是外力。「用意不用力」就是要求在頭腦中劃清「勁」的內在界線，在揉手中貫徹「取意捨力」的思維方式，逐漸將「混合勁」中的「勁」的成分化解開，縮減力的成分，慢慢增加意的成分。也就是用心意將後天生活中形成的肢體力量點滴的從身體中剝離掉，剝離得愈乾淨，內勁就會愈純正。

　　功夫的高低全在「意」和「力」所占的比例：「力」的成分大，功夫就低；「意」的成分大，功夫就高。多數人津津樂道於「混合勁」中不能自拔，沉湎於力大勝力弱、手快勝手慢，人高馬大、身體強壯者占盡先天之優，孰不知與太極拳「快何能為」大相徑庭。

　　楊式太極拳接手的功夫是化解「混合勁」、掌握「分化勁」。「分化勁」是相對「混合勁」而言，其掌握的方法首先就是將「意」和「形」在心內劃分開，太極拳有多種內勁，拿掤勁來說，一定要將「意」的掤和「形」的掤分清，決不能將二者攪在一起，具體運用時要先在心內形成「掤意」後，並在不丟不頂的情況下、「形」動與不動

都無關緊要時，真正的「掤勁」才會油然而生。如果「意」和「形」混在一起運用，或「形」動於「意」前均為妄動，實為病手，兩種「掤勁」會有天壤之別。其他的內勁均是如此，練習中不可小視，謹遵其法技藝奇佳。所以「分化勁」是揉手的基礎，也是必修的重要課程。在掌握此法的過程中，一定要堅持「用意不用力」的原則，否則效果會大打折扣。

要練成這種功夫，首先在盤架子時應該做到「心意」與「手勢」的分開。形未展而意先行，從心中起手，向要去的方向擴展出去，合到終點，手形隨心意而動，做到招招勢勢「意在先」。「意」是內勁的滋生地，「意在先」就有效地避免了「勁」和「形」混合在一起的妄動。

只有在盤架子中始終貫徹，久經磨鍊，才會逐漸掌握，自然形成的「分化勁」使揉手中的技法運轉輕靈，變化萬種。

（二）欲求功法，先問自心

太極拳藝術的一切功法全依賴於心，心法大於天，所以欲求功法，先問自心。自身的心理狀態至關重要，要用恬淡平和的狀態去發現本心，覺明心之本性，將自身心性悟化到虛無，從虛無中合自然之圓滿，這是太極拳藝術修心悟道的全過程。在練功中務求將心放下，使其置於虛無、復歸自然。內勁是由心理的調控，將拳架中的一招一式整合通順，將散佈於外的神、氣在意的驅使下收斂、逆縮聚攏納入丹田，與丹田的元氣融合，自無而有、自微而著、自虛而實。

太極拳的內勁是行拳的基礎，這些內勁又是在上下相連、內外相合、虛靈頂勁、尾閭中正等條件全備的狀態下而生成的，所以，練習拳架必須從基礎開始。

　　盤架子時要保證自身呼吸自然，千萬不要有意識隨動作調整呼吸。因為在調整過程中會使體內產生一種逆流，就像河流中的逆潮，會使河水產生漩渦、會使河水變濁、會使河水失去順暢，其在體內的作用有百害而無一利，會給養生、技擊的效用造成屏障，雖然許多內功都有調呼吸的功法，但在此不做論述。

　　太極拳乃合自然之道，取自然之法為上要，小架之功純任自然之呼吸清氣納入於肺，貫注於心，運行於百骸血脈之中。在練功的虛無狀態中腎內的元氣融入於丹田，丹田內有節奏的蠕動即為先天呼吸。在純任自然中心肺上的呼吸之氣與丹田的下呼吸之氣相合，使心腎相交，二氣融為一氣，即為上下相連。在上下相連的基礎上丹田內孕育成混元一氣，用心內的神意使其靜沉海底，神意使然靜極而萌動，海底之氣自然而翻滾，乃「腹內鬆靜氣騰然」之果，其微微自下而上與神意相交，然後靜歸丹田，運貫周身，暢通肢節，達於四梢，融融和和，無比舒暢，內外相合為一統，此謂上下相連、內外相合。

　　二者是一體的，分開是毫無意義的，此功法絕非在強意識下驅使而成，而是在練功中取自然之道，調控心理在無求無欲的虛無中自然而得。

　　虛靈頂勁多誤在「形」上求，實不知其乃「意」上生。當然在盤架子的過程中「形」必須達到規範，也就是在招式的演練中做到不仰不俯、不歪不斜，純任自然，舒

適為合度。關鍵是控制住自心，在盤架子的一招一式中絕不能含混進絲毫之血氣，要使內心至靜無物，虛空本體，只求心狀虛空，不知體用之然否。純任自然由著本體萌動而練，久之虛靈之勁自下而上達於頂。此勁是由人之本體自然還虛，收納丹田乃明善復初之道。這種虛靈頂勁自現活活潑潑，生機益然，毫力皆無，真勁內生。

（三）中正之意之解析與起、承、合、換之規矩

小架拳架中尾閭中正的關要是中正之意，太極拳的中正非姿勢的中、兩腿之間的中，亦非身體中垂線的中。而是遵從上述的太極拳規矩法則，將馳於身外散亂的靈氣收納身中，返歸於內促正氣復出，自然排血氣於外，還心中之虛空，此謂「中」。心意將尾閭內斂前置於「正」托起丹田，再與「中」相合，才是真正的尾閭中正。有了此意必然會身形穩如泰山。

太極拳的不丟不頂不但要貫徹到推手中，而且更要落實到拳架中。太極拳拳架是由幾十個單式組成，每一式都是由起、承、合、換的過程銜接起來，各勢相接就像浪浪相催的長河之水，運行起來滔滔不絕一氣呵成。行拳要達到一氣呵成，就必須做到不丟不頂。

1. 起

每個拳勢開始之前都有個預備的過程，這時首先在心內形成太極的特定功能狀態，在此基礎上才會生成掤、捋、擠、按、採、挒、肘、靠中的勁法。有了這種狀態起

點過程就完成了，可以開始運行了。

2. 承

在拳勢運行的過程中，要始終承載著起點的太極勁，做到不丟不頂。從心意將其貫穿在全過程中，千萬不要斷掉，務使其連貫。

太極勁承載於心，此時要用意將神、氣分開，一定要掌握「在神不在氣」的原則，在不丟不頂的狀態下才會有「以意導氣，以氣運身」的效果。

3. 合

把起點形成的太極勁，透過不丟不頂的承載運行到終點，也就是合到要去的目的地。合到這個點上時切記不要將太極勁丟失或斷掉，心裡更不要憋氣或蓄氣，內氣要以通暢舒適為宜。合就是要合到手上，手並非固定不動，而是要有「合中寓開」之意，做到「手無定向而具備閃戰之能」，功夫上手全在此點。

4. 換

轉換過程是拳架運行中最重要的一環，起到各勢相接的作用，也是內勁相生的關鍵，也是最容易產生丟、斷之病的地方。在初始的太極勁由一生二，如果放開或丟掉了太極勁，功夫自然得不到蓄貫，正確的方法是：

在初始形成的那個太極勁確保不丟不斷的狀態下去變換每一勢的勁，隨拳理要求可任意變換勁的用法，但任何時候也不能將太極勁丟失，必須始終承載著，一切在純任

自然中生變其他的勁。

所以，心要有綿綿不斷之意，確保轉換過程中太極勁不丟不頂，才符合「道生一，一生二，二生三，三生萬物」的哲理，也正合太極拳「以一生萬」的法則。

（四）分清彼此之勁，煉純小架深湛之功

盤架子練的雖然是知己之功，但在運行中要做到有假想之敵。

具體方法就是：在每一勢起、承、合、換的過程中都有敵之阻力存在，而守我心中之意，棄敵於無，使自身之勁不丟不頂，用唯我獨尊化解其他阻力，並堅持「用意不用力」的原則，身形、手勢輕靈自如，連貫而通暢，又不失假敵之狀。用心去體量，化敵於無形之中，目的是要達到在心理的另一個層面上凝固心之定力。

最關鍵的是將神、意、氣內斂，千萬不要馳於形外，破壞自身的圓滿。有了假想之敵的定力，心境就會打開。久之，氣勢就會愈來愈圓滿，內勁就會愈來愈充足，並且在任何情況下都會保持其勢的完整，就是與敵相接時也不會失去這種狀態，自然也就會達到「接手分清敵和我，彼此之勁不混合」的境界。

小架功夫主要立足於飄浮，所以盤架子時要腳踩浮萍，如履薄冰，心存上提之意。具體方法就是在行拳時，用意將膝上提，小腿自然放鬆，腳踝自會不吃力，腳掌鋪開與地面自然隔斷。再時時處處小心謹慎，唯恐身墜深淵，步起步落，躡足潛蹤，邁步如貓行。久之，克服全然站煞腳踏實力之病，而使身形穩固，腳下輕靈能騰挪，既

有飄浮之妙，又有樁功之穩。

　　太極拳內勁先上身，後到手，小架功夫尤須如此。「擰裹鑽」並非展現在形體上，而是掌握在手上、運行在心中（中架的「點虛實」功夫是將神、意、氣化合後，在手上形成一個集中意的點）。小架就是在中架的基礎上，將「擰裹鑽」之意集中到這個點上，形成點內有點，使內勁化為虛無，勁力變得更尖更銳。

　　神、意、氣集合之點有大小之分，也有虛實之分。「擰」是控制住向裡或向外旋轉的意思；「裹」是纏繞、包住不露的意思；「鑽」是絮、刺而透的意思。「擰裹鑽」分別是三種內勁，將其化解合一控制在手中，用意將其藏裹於點中旋轉前絮，而絕無洩露。「擰裹」是知己，「鑽」是施彼，凡此皆是意，務要斟酌。小架功夫是將三勁合一，在點寸之間形成虛空之點。因為只有在虛空之點中才會化生出「凌空勁」，此勁乃太極拳高層次的功夫。

　　小架太極拳難練，不是指拳架子的外形如何，而重要的是化大為小、化虛為無的功法。開始盤架子時神、意、氣在開展中再開展，求的是舒展大方，然後逐漸將神、意、氣內斂，力求緊湊，最終將神、意、氣集中到一個點上，完全把太極拳的功夫壓鑄在點的虛空內核裡，能量一旦展示令人匪夷所思。「虛空」是小架拳的根本，也是邁向「虛無」的階梯。

　　太極拳從師學藝，由盤架子立規矩開始，處處要守規矩，最後要做到處處合規矩。拳練到處處合規矩後，可以講太極拳的功夫就已經上了身，但要達到高境界，就必須將這些辛辛苦苦練到身上的規矩全部從身上丟掉，丟得愈

乾淨愈好。高境界沒有規矩可言，此時規矩已經淪為無形的桎梏，形成功夫向縱深發展的障礙，再循規蹈矩往復下去，功夫很難再向更高層次邁進。學規矩不是要終守其規，而是要最終打破，這就是太極拳從無到有、從有到無的全過程。由破而立會改變人的氣質，開拓人的智力，明發人的心性，還自身之本初。

太極拳術用力之久是要將一切的「有」，包括功夫全部化「無」，自虛無而起，還虛無而終。至此，諸形皆無，萬象皆空，混混沌沌，不知物之所在，不知形之所存，虛無中只有一絲渾然，悠悠蕩蕩，飄飄灑灑，一切盡在不言中，靈心豁然貫通。無所謂體，無所謂形，行、立、坐、臥，一言一默，無往而不得其道；無所謂用，無處不有，無時不然，無可而無不可。

太極拳藝術是效法天地、化育萬物之道的基石之一，存於內而為德，用於外而為道。

楊式太極拳小架功法介紹

　　太極拳以其獨特的功能吸引著廣大習練者、愛好者。其獨到之處主要在於技擊的招、術、養生的功效都需要不斷增強的內氣調動做基礎，特別是技擊部分，招中有術、術中有招，融為一體。每一式中都細分多種身體、手勢的變化，每一變化都依託在不同勁法與內氣運用上。勁分數十種，內氣千變萬化。

　　楊式太極拳大、中、小架套路，各有各的練法，博大精深，難以詳盡表述。即便是先師出手，也只習慣於利用一部分得心應手的招術勁法。

　　以下重點介紹一些孫德明老師常用的功法。

　　孫老師常說，手勢是鑰匙，不會用手，便打不開對方這把鎖，但它自己是不能自動開啟鎖頭的，必須由另外一種動力來操作，這種動力則來自於身體。身體包括四肢、頭頸、軀幹、五臟六腑、經絡血脈、骨骼關節等，每一部分的調動與運用，都如同作戰時的戰略戰術、調兵遣將一般，用得好可旗開得勝，用不好也許丟盔卸甲。因此，必須懂得一定的技巧和招術的使用，才不至於一搭手就不知所措。

063

常言道:「法不敵功。」招法的作用大小必須建立在內功的基礎上,促進功夫的提高需要雙方功力一定程度的均衡。因此,最困難的也就是內功的培養和運用,內功也要借助身體、手勢來調動和發揮,只在自身內部轉悠,使不出來發不出去不行。

拳路中的開合、開中開、合中合的適當融合和巧妙運用的要領是喚出內氣、內勁的一種方法。但是,開合只是太極拳陰陽轉換的一個方面。太極拳的虛實、剛柔、內外、上下、進退、發化等,全屬陰陽範疇,而陰陽也只是無極生有極以後的產物,太極拳自然包括無極狀態,大家在孜孜不倦追求的正是這樣一種狀態。也可以說,它是陰陽的源泉,是太極拳一以貫之的基本功,是練成太極真功的必由之路。許多同道正是感受到了無極功的奧妙與魅力才加入到追尋者行列的。這不是用力量控制住平衡、拿住關節之類的感覺,而是粘上便六神無主、完全無能支配自己的感覺,並且不敢添勁。

那麼,要得到這種功夫,從哪兒起步?還是得回到人的初始狀態,鬆、靜、自然上去,也就是無極狀態。可能有人會疑惑,這不是原地繞圈子嗎?圈子是在繞,但不是原地,而是螺旋性上升狀態。因此,孫老師形象地比喻:真正學會了一個式子,也就會了半模式子,會用半模式子,也就會了全套式子。

小架套路分冊配合的是技擊練法,中架套路配合的是內功練法,大架套路配合的是養生練法。練到一定階段或程度時會產生「無意之中是真意」的共識。不講究招,也不講究式。但對於初、中級的習練者來說,不依託招式練

功只能無的放矢，很不現實。

因此，本書針對初、中級學員練習的特點，在招式中加注如何提高套路用法的說明，帶有對練的性質，將要領與用法相結合。引導習練者由細緻入微的體驗漸入佳境，不會因困惑而半途而廢，或浮於表像，難以深入進階，能夠幫助學練者切實領會、掌握應用拳法套路，不斷提高，從而推動太極拳向高層次練法的普及與推廣。

（一）小架技擊用法要略

太極拳運動的特點是內動強於外動，一動無有不動，一靜無有不靜，所以每一式全是由內到外的全身運動。其技擊要義全在自身體悟的實踐中逐步掌握，並非在拳架一招一式中就可獲得。

首要的是：明白拳理，善於用意，身法熟練，巧於聽勁。「彼不動，己不動；彼微動，己先動」。遇敵時要處處時時保持自己得機得勢的狀態，「內固精神，外示安逸」，才能立於不敗之地。

敵我對擂時絕無常式，瞬息萬變，而不會有固定的演變模式，更不會相同複製。

以下介紹的用法只是最基本的招法，也是初級階段的東西，在此基礎上演變出各種變化的細枝末節是無窮盡的、是永遠講不清的，並且實戰中絕不會發生重複，也就是不會有完全相同的模式存在。

太極拳技擊無招法規律可尋，唯一的法則是：技擊時要守中而無中，用中而無象，以不變應萬變，講究無招無式、無形無象、捨己從人，隨機應變才是實戰之大法。

（二）小架拳盤架子要義

拳架子是學拳入門的初始，也是走向規範的基礎。功架是否紮實？基礎打得好壞？直接關係到以後功夫的進展。

打基礎就要學規矩而合規矩，合規矩「觀師模影」尤為重要，也就是必須有明師傳授，潛心觀察師傅盤架走拳、恪守其神、複製己身。

太極拳以陰陽為根基與自然合一，瞬息萬變永無常式，其內充滿玄機莫測。拳架子只不過一種固定之外形，而內蘊的變化卻無一重複，萬端演化終無窮盡。雖如此，但盤架子心中要持定太極初衷而不壞，太極初衷全在「神意」的育養，其過程既漫長又複雜，伴隨拳的演練會產生「神」起「神」落，不同時期、不同階段均會產生不同的變化。就是同一個階段，也要根據自身的具體情況而隨時加以調整，隨「神」的變化機理而使「意」順應其變。每次盤架子「意」都會處在微妙的變化中，決不可能類同，這就是太極拳法自然之道。前賢曾有言告誡：「練拳術者不可守定成規成法，而應用之。」所以，對套路中的各式動作，只可對外「形」的姿勢和走向方面作詳盡注解，決不要將「意」寫成固定的死套子，這樣不但有悖拳理，更易形成誤導，使學拳者為法所捆，意識僵化，失去自我靈活變化之趣，最終不能解悟太極拳真。

盤架子只是習拳的過程不是目的，最終目的是放棄架子沒有架子，所以盤的過程中要不被其所困，不受其羈絆，始終要存有盈然之心，樂融融於自然舒適間。拳融意

合自如後就不能再終身守著不放，隨心所欲動即是拳，才為太極拳的上乘之功。

「太極本無法，動即是法」。一切均需在心的統領下「先在心，後在身」，凡此皆是意，達到「意氣須換得靈，乃有圓活之趣」。盤架子時要隨時調整心意，從永恆的動中，去尋覓相對的靜，至淨極而虛無，由虛無而改變人之氣質，開發人之智識，明澈人之心性，化除後天之濁氣，以復先天之本初。凡是定死的模式都是綁縛自身的枷鎖、導致僵化的根源，一切有為之法均為低檔次的東西。

本拳解中羅列的技擊之法，不過是一些初級操法而已，實乃萬變中之一二，不足高水準論道，萬萬不可過於拘泥。因為，遇敵動手間瞬息萬變，絕無類同，更不會有固定模式可尋。所以，盤架子處處時時要「意」中存活，「神」中生變，一切從渾然未知中達於自然才是真。

太極拳內勁的形成全依賴「意」的法成，而「意」的關鍵在於「活」，如果把「意」走成固定的模式必然產生僵化，因放不開而失其靈動，背離自然變化之趣。而這一點對太極拳是相當重要的，要用「意」，又不能被絲毫之「意」所縛，這是一個既矛盾又統一的問題，關鍵是要掌握住「度」，這個「度」就是「不即不離」，合「度」才是得自然之法。其實，盤架子的最終目的是要把有形化為無形，只有盤「活」了、練「沒」了，神、意、氣才會合一，功夫才會進一步深化。

太極拳無形無象是根本，盤架子的目的是把有形有象的形體僵滯動作、沒有活力的固定架式最終化無，開始學習它也是進入初級之必然。

太極拳絕非掄胳臂擺腿的拳術，達到神、意、氣合一具體要經過四個階段：用意不用力，在神不在氣，沒有便是有，不練方為煉。理解起來好像有些相互矛盾，但內在的道理只有練到了相應階段才會有所解悟，否則是毫無意義的。

總之，打基礎也要有個前提，一味地瞎攪蠻練是不會出真功夫的，「練拳不學藝，磨破鐵鞋白費力」「教拳不教功，到頭一場空」，拳內無功虛花架，有功之架才為拳。所以，只看拳譜、照片絕難領悟太極拳的「形韻」，只看影像更難領悟太極拳的「神韻」，明師的口傳身授是得太極拳真的唯一途徑。觀文字不解其詳以照片為準，看照片仍不能了然以影像為準。

四

楊式太極拳小架套路拳譜

楊式太極拳小架套路圖解與技擊用法

（一）起　勢

1. 無極勢：兩腳尖向前，兩腿併攏，面南而立；兩臂自然下垂，掌心向內貼於兩胯側；目光平視前方。（圖1）

【要點】意無所思，形無所舉，一片渾然，心靜如水，平靜至中和。

2. 身體重心落於右腿，左腳開步，與肩同寬；同時，

圖1

圖2

圖3

圖4

圖5

兩臂先外旋分別向東南、西南斜上方弧形穿起，隨即兩臂內旋向內收於臉前，掌心向斜下方弧形下採至胯兩側，掌心向後；身形上拔，腿微屈；目光平視前方。（圖2—圖5）

圖6　　　　　　　　圖7

【要點】含胸拔背，意氣內斂，塌腰立身，虛靈上拔，兩手慢將長髯。

【技擊用法】敵將我兩腕鉗住，我兩臂外展上掤使其被動；敵兩手向我胸部擊來，我順勢兩掌內合下採，使敵失重前傾。

（二）手揮琵琶

1. 重心移至右腿，左腳向左開步，成馬步下蹲；同時，兩臂分別向兩側打開，略寬於馬步，兩掌向下、向內弧形抄起，經腹前至胸前成十字交叉，右臂在內，掌心向內，然後兩手搭十向下、向內弧形下捋，經腹前向上、向外弧形掤起，在身前畫一個前後立圓，動作如同作揖。目光平視前方。（圖6、圖7）

圖8　　　　　　　　　圖9

【要點】膝提懸頂，腹內鬆靜，鐘錘悠蕩。

2.左腳尖內扣，右腳尖順勢外展，身體右轉，重心落於右腿，成右弓步；同時，兩掌搭十不變隨身體右轉而右捌；面向西，目光隨兩掌移動。（圖8）

【要點】以腰為軸、臂為半徑旋轉畫弧，不丟不頂完整一氣。

3.身體左轉，左腳向正前方提半步，重心前移，面向正南，成左弓步；同時，右掌自上而下落於腹前，掌心向下；左掌弧形下落隨轉體向前擠出，形如手捧琵琶；目光平視擠出方向。（圖9）

【要點】穩住神氣，兩手相合不偏不倚，立身中正，鬆靜輕靈，勢在折疊。

圖10

【技擊用法】此為防敵擊我胸部，兩手從兩側向中間合抱，將打開之門關閉，做作挒勢使敵勁落空於外。敵若跟進，我兩手合十掤採其向右轉身，順勢左腳向其襠內插去，兩掌向敵胸部擠擊。

（三）攬雀尾

1. 左腳內扣，重心在左腿，上體左轉，右腳跟抬起，腳尖點地；同時，右手隨身體的轉動弧形向左下方斜插至左胯側，掌心向後；左掌稍向內收，護於身體右肩側，掌心向右；目光隨右掌下視。（圖10）

【要點】立身中正，全體透空，兩手分張，飄浮中體味神、意、氣妙變。

圖11

圖11附圖

2. 腳抬起向西邁出一步，隨即身體右轉，面向正西，重心前移，成右弓步；同時，右掌隨轉體自下而上朝西弧形抄起，指尖高與鼻齊；左掌與右掌相合而動，右掌在前上，左掌在後下，掌心向下，向前挪出；目光平視前方。（圖11、圖11附圖）

【要點】虛空中意氣不能上浮，務要沉著，前實後虛，纏繞中貫透裏鑽之勁。

3. 兩掌自然弧形下落，然後重心移到左腿，以腰為軸帶動雙肩提起，身體左轉；同時，左掌弧形向外、向後捋，右掌隨左掌弧形轉動，兩掌相合自西南折向北返回西弧形畫圓挪出，兩掌隨兩臂的旋轉而自然翻動；身體重心隨掌勢的前後轉動而變換；目光隨兩掌而轉，挪出時目光向前平送。（圖12—圖14）

4. 此式第3動重複3遍。

圖12

圖13

【動作要點】心為令，氣為旗，身形轉動切忌前傾後仰，體內虛空，氣要下沉，腳下不可蹬力，動作徐徐連貫，鐘錘前後悠蕩，撐裹鑽貫穿一氣。

圖14

【技擊用法】敵用右拳向我擊來，我兩手順勢接住來拳，右手銜其腕、左手接其肘，向斜後方挒採；敵必向後撤回，我順勢向前掤擠之。敵若用左拳，我則一切動作相反。敵之變化無常，我則捨己從人順其而變。

圖15

圖16

圖17

（四）單　鞭

1. 右腳尖內扣，左腳尖外展，身體左轉；同時，右掌外翻轉掌心向上，左手上提貼於右臂內側，右掌隨轉身由正西至東南弧形內畫變勾手，右肘微屈；隨即左腳抬起收於右膝內側，右臂勾手弧形收向胸前再向內旋，左掌貼於右前臂隨動；目光視右勾手。（圖15—圖17）

【動作要點】手若提著懸錘水平畫圓，手牽動膀軸旋轉務要放鬆，切忌上聳。

圖18　　　　　　　　圖19

2. 左腳向東踢直，上體左轉；同時，左掌向東弧形掤出，掌心向上；左腳向左側下落踏實，身體後坐，左掌與右勾手弧形下落至腹前；隨即右勾手由下向身右側弧形拉起，左掌外旋由胸前向東弧形穿出，掌心翻轉斜向左前；同時，身體重心前移落於左腿，成左弓步；四肢撐開，五弓（身弓、兩臂弓、兩腿弓合為五弓）張滿；目光平視前方。（圖18—圖20、圖20附圖）

【動作要點】鬆肩墜肘兩膀拉開，兩臂兩腿裏根縮勁，屈撐圓滿，立身中正，氣勢完滿，勁貫於梢。

【技擊用法】敵用拳擊來，我以右手勾掛其左腕，順勢向斜後方採捌，敵必前傾；我左掌用切按勁向其胸部直擊。

圖20　　　　　　　　　　圖20附圖

（五）金鐘掛玉瓶

1. 身體重心右移，左腳內扣，身體右轉；同時，右勾手變掌弧形向上、向左下落回收至襠前，掌心向內；左掌向右、向內弧形下落搭於右前臂上；隨即身體重心左移，面朝南，右腿向南邁出半步，左腳前跟，馬步下蹲；兩臂向南弧形擠撩，掌心向下；目光平視前方。（圖21、圖22）

【要點】移動要穩，腹內鬆沉，虛靈上頂，以手帶身，勁不過腕後。

2. 下肢動作不變；右掌上撩至與肩平時變勾手向上弧形拉起，高過頭頂，前臂內旋，勾手以腕為軸自內向外翻轉，掌心斜向上方撐起；同時左掌由內側塌向東南；目光注視左掌。（圖23、圖24）

圖21

圖22

圖23

圖24

　　【要點】身勿前傾，脊項懸直，神氣內斂上提下採，勁力兩分張務須完整。

圖25

【技擊用法】敵抽回前手，轉向我側面擊來，我順勢左手按其左臂向斜下方採塌，身形側轉下坐，正面視敵，左手防其進攻，右手從下向其陰部撩擊。敵如捕捉我撩出之手，我左手順勢向內翻轉，從胸前掏出用手背擊其面部或指穿其目。

（六）鳳凰雙展翅

下肢動作不變；同時，左掌從左外向上方抄起，自下而上弧形向腹前合，前臂外旋；右臂外旋弧形下落，從外側向內抄起，搭於左臂外側，成十字手合於胸前，兩掌心向上；隨即兩臂向兩側弧形展開，分別向左右斜前方掤起，兩掌心向外；目光平視前方。（圖25）

【要點】身如立柱，腳下要有飄浮之意，兩手相合如托巨型之球，舉手擎天氣勢完整。

圖26

圖27

【技擊用法】敵用右拳擊我胸部，我向左穿擊；敵換左拳擊來，我順勢向右穿擊；敵兩手按住我兩臂，我雙臂如展翅向外側斜向穿擊，將其擎出。

（七）左摟膝拗步

右腳內扣，重心移到右腿，左腳提起，身體左轉；同時，右掌隨之向下、向左弧形畫圓至腹前，左掌向上、向右弧形畫圓至胸前，兩掌在體右側呈抱球狀；隨即左腳下落前邁，重心前移，成左弓步；左掌經膝內側向外側摟出，下塌至左胯側，掌心向下；右掌內旋從右後弧形向上、向前經右耳側向東按、採出；目光平視前方。（圖26、圖27）

【要點】身形移動神氣貫注，左顧右盼如玉柱搖動，保持立身中正；腳下移動要意貫而不斷，手提懸燈徐行而勁整；內要虛空，勢要圓滿。

圖28

圖29

【技擊用法】敵用右拳襲擊我腰部，我以左手向旁邊將其右拳摟開，用按勁使右掌向敵胸部擊去。左右亦然，唯方向相反。

（八）攬雀尾

與（三）攬雀尾中第3動相同，唯左右相反，此動作重複3遍。（圖28—圖30）

圖30

（九）左右摟膝拗步

左摟膝拗步與（七）左摟膝拗步動作相同；右摟膝拗步動作亦相同，唯左右手腳、方向相反。（圖31—圖34）

圖31

圖32

圖33

圖34

圖35

圖36

圖37

（十）攬雀尾

與（三）攬雀尾中第3動相同。（圖35—圖37）

圖38

圖39

087

（十一）進步打捶

1. 右腳外展，身體前送，重心落於右腿，左腳向前踢出；同時，右掌自上而下弧形內收，變拳落於腹側；左掌隨左腳前踢自下而上弧形穿出，掌心向上。目光平視前方。（圖38）

【要點】身體不要下坐，前行中要有上拔之意，移動平穩，勢如滾球。

2. 左腳下落，重心落於左腿；隨即右腳抬起前收與左腳併步而立；同時，右拳微向後拉，再向前經左掌下方向前打出，高與心口平；左掌向內翻轉合於右臂內側橈骨端；目光平視前方。（圖39）

【要點】拳打出時身要直豎，兩肩要平，腹內鬆靜，精神貫注，意氣平和，勿須收斂，拳勿出尖。

圖40   圖41

【技擊用法】敵用右拳擊我胸部，我順勢以左手從下向上穿出，使其右拳讓於身外；同時不待敵出左手，我迅疾上左步、跟右步，用右拳擊其腹部。

（十二）如風似閉

1. 重心落於左腳，右腳提起向後撤回，重心移至右腿；同時，左掌外旋弧形抄起，右拳變掌外旋弧形上抄，兩掌右上左下，掌心向內，搭成十字手；隨即左腳收回平行落於右腳內側，兩掌順身體重心後移向內弧形下落，從胸前分手翻轉下塌至胯兩側，掌心向下；目光平視前方。（圖40、圖41）

【動作要點】立身中正，切忌後坐，體若浮水，內氣徐徐向下貫注。

2. 重心移到右腿，左腳前邁，重心前移，隨即右腳抬

圖42

圖42附圖

起跟進與左腳並步而立；同時，兩掌自下而上弧形向前按
出；目光平視前方。（圖42、圖42附圖）

【要點】形如立在船上，人向前船向後移動，要高低
平穩，不可忽起忽落；兩手向前如推水上浮球，不可使球
與手脫開。

【技擊用法】我擊出右拳被敵橫攔，我即回撤與左手
搭成十字，防其另外的手襲擊我頭或胸；同時身形後撤一
步，兩手向兩側下採，敵必跟進，我順勢上步兩掌向敵胸
部按出。

（十三）十字手

重心落於左腿，右腳抬起後撤，身體向右轉；同時，
右掌隨身體右轉掌心向下弧形下落於身前，左掌向右弧形
內收；隨即左腳微向外開步，面向南，兩腿屈蹲，成馬

圖43

步，左掌向東南、右掌向西南向上、向兩側弧形劈出，然後向下、向內弧形抄起，左掌上、右掌下在襠前搭成十字，弧形向前、向上穿起，掌心向內，略高於肩；目光平視前方。（圖43—圖45）

【要點】左右採塌時身體中正懸直，不可左右傾搖；兩手搭十內氣下沉，手要前封上拔，指如鋼叉力透指端。

【技擊用法】我兩手與敵兩手粘住，我分別向左右兩側採塌，使敵勁落空；敵必然前傾擊打我胸，為防敵回擊兩手順勢從下方抄起在胸前搭成十字相合，拒敵於我圈之外。

（十四）抱虎歸山

1.重心落於左腳，右腳抬起，右腿屈膝回收；同時，兩臂向左橫移，掌心向內翻轉向下，左掌向東南劈出；右掌向下襯塌；目光平視左手。（圖46）

圖44

圖45

圖46

【要點】縮身綿軟平穩，腳下如踩浮萍，前手取物、後手掌舵。

圖47

圖47附圖

2. 以左腳跟為軸，身體右轉135°；同時，右掌隨身體轉動摟膝而動；左手弧形向身體前方抄起，在右腳向右前落地時兩掌心向上在胸前採、挒；目光平視前方。（圖47、圖47附圖）

【要點】旋轉輕靈，飄忽中切勿散亂，氣勢完整，臂如繩、手如錘。

3. 兩掌從兩側向外弧形抄起，隨即掌心向內、向下翻轉合於胸前向下挒收於襠前；同時，右腿平直蹬出；目光平視前方。（圖48、圖49、圖49附圖）

【要點】身似銅鐘，氣要內斂沉穩，腿勿蹬直，身勿上竄，勁勿出圈。

【技擊用法】敵從身後向我襲擊，我以兩臂護住身體向後橫掃，轉動身形與敵正面相對；兩手向外從兩側抄

圖48

圖49

圖49附圖

起，挒住敵兩臂向襠下捋採，順勢抬起右腳向敵腹部蹬出
或向敵陰部撩踢。

| 圖50 | 圖51 |

（十五）攬雀尾

右腳落地，重心前移至右腿；以下動作與（三）攬雀尾中的第3動完全相同，唯方向朝西北（動作重複3遍）。（圖50—圖52）

【要點與技擊用法】同（三）攬雀尾。

（十六）單　鞭

與（四）單鞭動作完全相同，唯方向相反朝正西。（圖53—圖55）

【要點與技擊用法】與（四）單鞭相同。

圖52

圖53

圖54

圖55

圖56　　　　　　　　圖56附圖

（十七）轉身撇身捶

重心移到右腳，以腳跟為軸身體右轉180°，左腳向北橫移半步；同時，右勾變拳隨轉身下落經胯前向左畫弧，經胸前向正東撇出，拳心向內；左掌收回，搭右前臂內側，隨右拳撇出；目光平視前方。（圖56、圖56附圖）

【要點】內氣鬆沉神意貫串，以右腳為軸心平穩旋轉，完整一氣貫注於拳順圈邊撇出，勁透捶尖。

【技擊用法】敵從身後向我襲來，我隨即轉身，左手搭於右臂，右拳向敵面部用掤擠勁撇出。

圖57

圖58

（十八）肘底捶

　　重心全部移到右腳，左腿向前收起；同時，右拳下落，右前臂呈橫平狀，拳心向內；左掌心翻轉朝內從右拳內側向上穿出；隨即右前臂內旋，右拳心翻轉朝下落於左肘外側，左掌內旋向前劈出，左腳向前邁出，腳跟著地；目光平視前方。（圖57、圖58）

　　【要點】腹內鬆靜，周身輕靈，身勿下坐，心蘊懸空之意，拳要下沉，掌要飄浮。

　　【技擊用法】敵托抓住我右臂，我右臂順勢彎曲下採，左腳向前半步，左掌順右臂內側向敵面部穿擊；防敵另外手的襲擊，右拳橫襯左肘下，使敵抓緊之手不能逃脫。

圖59　　　　　　　圖60

（十九）倒攆猴

1. 重心移到左腳落實；同時，左掌心向下經胸前向右、向左下方塌捋至左胯側；右拳變掌，掌心向下、向右上方畫弧，經右耳上側向正前方推按出去，掌心向前，指尖高與鼻齊。目光平視前方。（圖59）

【要點】虛實轉換步若臨淵，手提懸燈輕靈持中徐行而勁整。

2. 身體重心後移至右腿，左腳收回到右腳側，腳尖蜻蜓點水著地，隨即向左後方撤去，落地後兩腳成丁字步；同時，左掌向左上方畫弧從耳朵側上方向前推按出去；右掌向左下方畫弧塌捋收回至右胯側，掌心始終向下；目光平視前方。（圖60—圖62）

【要點】後撤平穩如玉柱搖動，立身中正不可高低聳

圖61　　　　　　　　　　圖62

動；腳下移動要意貫而不斷，手提懸燈徐行而勁整；內要虛空，勢要圓滿。

3. 動作與2相同，唯左右方向相反。

4. 動作與2相同。

【技擊用法】敵用右拳或右腳向我襲來，我隨用左掌將其摟開，順勢用右掌擊其面部。敵左右開弓，我左右輪換應之。

（二十）金龍鎖口

身體重心後移至左腿，右腳以腳跟為軸腳尖外展，隨即身體重心再移向右腿，左腿向右腿後側提半步，兩腿盤膝下坐；同時，左掌心向下，從左上方向右畫弧，經胸前下按至腹前；右掌在左掌裡側向左下方畫弧，移動中兩掌

圖63

變拳，兩拳纏繞一周，左拳心向下在胸前，右拳心向下在左肘下方；目光斜視正東45°斜下方。（圖63）

【要點】腹內鬆空，頂若懸繩上吊，手若纏絲慢繞。

【技擊用法】敵右手抓住我左腕，我就勢盤坐左臂向懷中橫收，由右拳與其左拳纏繞，用切勁斷其腕。

（二十一）斜飛勢

兩腿盤坐蹬伸，身體直立，左腳以腳跟為軸內扣45°，右腳後撤向西一步，身體重心移到右腿，面朝西成右弓步；同時，兩拳變掌，右掌心向上，隨身體轉動向正西斜上方穿出；左掌心向下，向身體後下方捋塌至左胯側；目光斜視上前方。（圖64、圖65）

【要點】內氣下沉，展翅斜飛；立身懸直不可前傾，右膝前屈不可過腳尖，勁不可上拔。

圖64　　　　　　　　　圖65

【技擊用法】敵用左拳襲擊我右方，我用左手採其左腕向左採捯，趁勢起右手進擊敵肋部或面部。

（二十二）金鐘掛玉瓶

【動作、要點及技擊用法】與（五）金鐘掛玉瓶的動作相同。

（二十三）鳳凰雙展翅

【動作、要點及技擊用法】與（六）鳳凰雙展翅的動作相同。

（二十四）左摟膝拗步

【動作、要點及技擊用法】與（七）左摟膝拗步的動作相同。

圖66

圖67

（二十五）海底針

1. 身體重心後移至右腿，左腳後撤到右腳內側，腳尖點地；同時，右掌掌心向左收回，前臂直立，指尖高與眉齊；左掌掌心朝右斜下方隨右臂回收，指尖搭於右肘內側。目光平視前方。（圖66）

【要點】抽身聳立氣回縮內斂，立身中正虛靈頂勁，周身神氣貫注於立掌指端。

2. 身體前傾，兩掌隨身體而動，當身體前俯、右掌低於膝部時，兩掌向斜下方穿插；目光順手指方向下視。（圖67）

【要點】下盤穩固躬身下穿，用意塌腰縮住內勁貫於指端，神氣收斂腹內虛空。

【技擊用法】敵右手抓住我右腕，我趁勢身形後收，

圖68

圖69

左掌護住胸部，右掌上撩；敵必後拽，我順勢右掌迅疾向
敵後腳前插，敵必傾出。

103

（二十六）扇通背

1.重心保持在右腿，身體直立；同時，兩掌隨身體直
立，待右掌與肩高時，身體右轉45°，兩掌掌心向上下落
收於腹前；目光內斂。（圖68）

【要點】尾閭中正，腹內鬆空，兩手如托立佛，神思
貫注。

2.左腳向東邁出一步，與右腳成45°，重心移到左腿，
成左弓步；同時，兩掌心內翻向下、向兩肩外側展掤，右
掌心外翻向右斜上方托起，兩臂成扇形；目光順兩手間上
視。（圖69）

【要點】兩手向上托，兩肩虛空回縮，腰要塌住，周

圖70　　　　　　　　　圖71

104

身內外虛空之勁順脊達於掌端。

【技擊用法】敵用右拳擊來，我以右手叼住其腕，向上提起用左掌擊敵肋部。

（二十七）撇身捶

1. 身體右轉，面朝向正南；同時，右掌下落經胸前到右胯前，由掌變拳，拳心向內；左掌回收到左耳上方，掌心向外；目光平視右前方。（圖70）

【要點】旋轉平穩尾閭中正，形規勁整，切勿散亂。

2. 身體繼續右轉，右腳外展，腳尖向正西，身體重心移到右腿，左腳以腳跟為軸內扣135°，成右弓步；同時，右拳拳眼向內，經左肩、左耳、眉心，隨身體右轉向正西方掤出；左掌掌心向下，經左耳側下落於右前臂上，隨右拳前掤；目光平視前方。（圖71）

圖72　　　　　　　　圖72附圖

【要點】旋轉平穩，內氣鬆沉神意貫串，立身中正完整一氣，勁貫注於拳不可出尖。

【技擊用法】敵由身後襲來，我隨即轉身以右拳撇出擊其襠部，以左掌擊其面部；彼欲逃遁，復以右拳擊其胸部。

（二十八）卸步指襠捶

身體重心移到左腿，右腳向外45°後撤，成馬步；同時，右拳後撤至右腰側，拳心向裡，左掌由右臂上方前捋；隨後右拳向正前方打出，高與胸平，拳眼向上，左掌回收平搭於右臂橈骨上；目光平視前方。（圖72、圖72附圖）

【要點】用意塌住腰勁，腹內鬆空，肩勁回縮下沉，捶勁不過腕後，身體不可前傾。

圖73

【技擊用法】敵用拳或腿擊我腹部，我順勢向後卸步，並用左手護住胸部，使敵勁落空，即刻用右拳向其襠部打出。

（二十九）攬雀尾

1.身體重心移到左腿，以左腳跟為軸外展45°，身體隨之左轉；右拳變掌，掌心向下，隨轉體向左畫圓；身體轉到正南時，右腿收回向正西邁出一步，成右弓步；同時，兩掌向西平推出去，右前、左後，掌心斜向下；目光平視前方。（圖73）

【要點】身似船，手如槳，手動身隨內空而外張。

2.與（三）攬雀尾中第3動相同，動作重複3遍。

【要點及技擊用法】同（三）攬雀尾。

圖74

（三十）單 鞭

【動作、要點及技擊用法】與（四）單鞭的動作相同。

（三十一）雲 手

1. 身體重心移到右腿，身體右轉，面向正南；左腳以腳跟為軸內旋90°，重心轉換到左腿；同時，右勾手變掌，隨身體轉動向右下方畫弧到小腹側，掌心向上；左掌隨身體的轉動向內側翻轉，掌心向外；目光平視左方。（圖74）

【要點】頂懸身正塌腰縮胯，兩掌上下相合，貫穿一氣。

2. 右腳向左腳回收半步，腳尖點地；同時，右掌心向內從胸前穿起到臉前，高與眉齊，以尺骨為軸翻轉向外，

圖75

圖76

再向右前45°方向按出，身體跟隨右轉；左掌下落外旋翻轉向內下方畫弧下塌至腹前；在掌的翻轉過程中右腳落實，左腳自然向左撤半步；目光隨右按掌平視右方。（圖75—圖77）

【要點】兩手翻轉如旗，身如旗杆隨之旋轉，切忌傾斜與竄動。

3. 左腳向左側外跨一步，身體左轉；同時，左掌經胸前向上穿起，到臉前以尺骨為軸掌心翻轉朝外，向左前方45°平按，身體跟隨左轉；右掌下落外旋翻轉畫弧，經腹前向左至左臂內側下方；重心移至左腿，右腳向內側回收半步；目光平視左方。（圖78—圖80）

【要點】兩手翻轉如旗，身如旗杆隨之旋轉，切忌傾斜與竄動。

圖77

圖78

圖79

圖80

　　【技擊用法】敵從我右前方用拳襲來，我即以右掌上穿，使其力走空，然後向右旋掛，順勢擊發；左手護在腹

圖81

前，與右手相合，防敵襲擊腹部。敵若從左前方用拳襲來，我則以右換左，動作皆同。此式左右往復、連貫圓滿、如雲環繞，可同時防多人襲擊。

（三十二）單　鞭

【動作、要點及技擊用法】與（四）單鞭的動作相同。

（三十三）高探馬

身體後撤，重心落於右腿，左腳尖著地；同時，左掌心翻轉向上，收回至腹前；右勾手變掌，掌心向下，經左耳外側向前探出，高與肩平；目光平視前方。（圖81）

【要點】立身中正，開胸擴背，兩手相合一氣。

【技擊用法】敵用右拳擊來，我左手接其臂下捋，順勢出右掌向其頸部或面部擊去。

圖82　　　　　　　圖83

（三十四）右左分腳

1. 身體重心移到右腿，身體右轉，左腳向左前側移半步；右掌隨身體轉動向右畫弧後撤，左掌向左前方畫弧伸出；身體重心隨之移到左腿，右掌經內向右前方伸出，高與肩平；同時，右腿向右上方分出，合擊於右掌，左掌向左上方分展；目光平視右前方。（圖82、圖83）

【要點】尾閭中正，虛空沉穩，頂懸直立，手領腳到，腳踝放鬆，彈踢一點迅疾冷脆。

2. 身體重心隨右腳落地移至右腿，身體隨之左轉；同時，右掌向左前方畫弧收於右腹前，左掌向右、向左前方畫弧伸出，掌心翻轉向下，高與肩平；隨即左腿向左上方分腳，合擊於左掌，右掌向右展開，掌心向下，高與肩

圖84　　　　　　　圖85

平；目光平視左前方。（圖84、圖85）

【要點】尾閭中正，虛空沉穩，頂懸直立，手領腳
到，腳踝放鬆，左腳橫掃力求平穩。

【技擊用法】敵用右拳擊我，我以兩手纏住敵腕向左
右分開，將敵拿起，順勢起右腳踢敵肋部。反之，敵左我
右。如果敵用右腳踢我左肋，我則兩手向左右分開的同
時，起左腿從敵右腿內側向外分腳，敵必傾之。左右皆
同，隨敵而變。

（三十五）轉身蹬腳

以右腳跟為軸，身體左轉，左腿隨身體轉動屈膝收
回；同時，兩掌變拳回收於胸前搭成十字，拳心向內；隨
後兩拳變掌向外翻轉朝東西方撐開，左腿順左掌的方向朝
西蹬伸；目光平視左方。（圖86、圖87）

圖86　　　　　　　　圖87

【要點】身如立錐，頂懸直立，旋轉要平要穩；左腳回收切勿點地，蹬出要勁貫腳跟。

【技擊用法】敵從背後向我擊來，我即轉身閃過，趁勢起左腳蹬其胸、腹部；敵若用腿從後面踢來，我即轉身用小腿將其圈出，順勢蹬其胸、腹部。兩手分開以防敵摟腿。

（三十六）左右摟膝拗步

1. 左腳先以腳跟落地，重心漸移左腿而全腳踏實，身體左轉，成左弓步；同時，左掌隨轉體向下經膝前弧形下摟至左胯旁；右掌隨身體重心前移，經右耳旁向前推出；目光平視前方。（圖88）

2. 左腳以腳跟為軸外展45°，身體左轉；右腳提起向前邁出一步，身體右轉，重心前移，右腿屈膝前弓，成右弓

圖88　　　　　　　　圖89

步；同時，右掌心翻轉向下，隨轉體從胸前弧形向左下落，經右膝前摟至右胯旁；左掌心翻轉向上，臂外旋弧形向左後撤，經左耳側向前推出；目光平視前方。（圖89）

【要點】身形移動神氣貫注，左右相合玉柱搖動，保持立身中正；腳下移動要意貫而不斷，手提懸燈徐行而勁整；內要虛空，勢要圓滿。

（三十七）進步栽捶

1. 身體重心移到左腿，身體後撤；同時，左掌平行回收胸前，右掌變拳弧形向內翻起，右臂橈骨合於左掌下；隨即兩腳離地躍起，右腳單腳落地，左腳貼於右膝內側；右拳帶著左掌順勢弧形向外側斜下方砸出；目光順拳方向前視。（圖90）

【要點】身拔氣沉，立身中穩，左膝上提，右腳如錐

圖90　　　　　　　　圖91

立地，神氣貫注右拳背。

2. 左腳向前邁出，腳跟先著地，隨即重心前移至左腿，全腳掌著地，左腿屈膝前弓，成左弓步，身體左轉；同時，左掌心向外弧形上穿，貼於右耳外側；右拳向前方膝下打出；目光直視拳的前方。（圖91）

【要點】身內虛空，神氣下注，力勿前傾，脊勁前領貫注於右拳端。

【技擊用法】敵右手擒住我右腕，我用左手扣住其右腕，向側後採挒；敵必回抽，我順勢上步跳躍而進，左手護住右捶向敵襠部擊發。

（三十八）撇身捶

1. 左腳尖內扣，身體直立右轉；同時，右拳心朝下，右臂屈肘橫臂向右、向下移至右胯前；左掌從右向左弧形

圖92　　　　　　　　　　圖93

上舉至左額前上方，掌心斜朝上；目光隨移動貫注兩手。
（圖92）

【要點】腰塌住勁，尾閭旋擰，運行緩慢勿使鬆懈。

2. 身體重心落於左腿，身體右轉，右腿虛步腳掌落地；同時，右拳向右前方撇出，拳心朝內；左掌自上而下，落於右臂尺骨側；目光平視前方。（圖93）

【要點】內氣鬆沉，神意貫串，平穩旋轉，完整一氣貫注於身，勁貫捶端，勿露凸尖，含之內勁不丟不頂。

【技擊用法】與（二十七）撇身捶相同，唯動作方向相反。

（三十九）二起腳

身體重心前移至右腿，兩臂自然下落，左腿提起經右腿側迅速前踢，右腳蹬地跳起，右腿隨即上踢，騰空後兩

圖94　　　　　　　　　　圖95

腿剪形上下交叉；同時，右拳變掌與左掌由兩側弧形上行，在右腳達到高點時下落合擊右腳面；目光平視前方。（圖94、圖95）

【要點】腹內鬆靜，內氣下沉，形拔意起，神氣貫注，悍然上踢，身勿下墜。

【技擊用法】敵用拳向我面部擊來，我以兩手纏住敵腕，趁勢起左腳向上撩踢，此為虛腳；敵擒我左腳，我隨勢回收，順勢起連環右腳踢敵面部，兩手迎合前擊。

（四十）左打虎勢

身體自然下落，重心落於右腿；身體左轉，左腳向左前方邁出一步，腳跟先著地，隨重心前移，左腿屈膝前弓，全腳掌踏實，成左弓步；同時，兩掌下落由掌變拳外旋，拳心朝上，左拳由下經外側上舉至前額上方，拳心翻

圖96　　　　　　　　　圖96附圖

轉向外；右拳由下向外，拳心翻轉向下，弧形內收於左胸前；目光通過兩拳平視前方。（圖96、圖96附圖）

【要點】腰胯縮勁，兩肩平正，立身中正，上下鉗攻宜緩，神氣貫整如注。

【技擊用法】敵兩手握住我兩臂，我順勢後坐，兩手向下採捋，化散其力；然後右手拿住其左手，左拳向上擊其頭部。此式以自身前腳為基準，左腳在前左拳上擊，右腳在前右拳上擊。

（四十一）右打虎勢

1. 左腳內扣，身體右轉，右腳外展，成馬步；同時，兩拳下落於腹前，兩臂彎曲托起兩拳向前上舉，與肩平，拳心向內；目光平視前方。（圖97、圖97附圖）

【要點】立身下坐，尾閭中正，兩拳相握如舉鼎緣。

圖97

圖97附圖

2. 身體右轉，重心落於左腿，左腳內扣，右腳向前邁出，腳跟著地，隨即重心右移，右腿屈膝前弓，全腳掌著地，成右弓步；同時，隨轉體兩拳下落至腹前，右拳心翻轉向外，由下經外側上舉到前額上方；左拳心翻轉向下，由下向外弧形內收於右胸前；目光通過兩拳平視前方。（圖98）

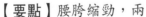

圖98

【要點】腰胯縮勁，兩肩平正，立身中正，上下鉗攻宜緩，神氣貫整如注。

【打擊用法】與（四十）左打虎勢相同。

圖99　　　　　　　　圖100

（四十二）回身右踢腳

1. 身體重心移至左腿，左腳外展，右腳內扣，身體左轉；同時，左拳隨轉體向左平移，右拳向右弧形下移；右腳提收於左腳內側，腳尖點地；隨即左拳向左前上伸，右拳向下，經腹前向左與左拳十字交叉，左內右外，兩拳心向外；目光向右前方平視。（圖99）

【要點】立身中正，體要虛空，神氣貫注兩手。

2. 身體微右轉；同時，兩拳變掌向左右兩側分開，右腳面平直向右上踢出，與右掌合擊；目光向右掌方向平視。（圖100）

【要點】虛靈懸頂，立身中正，踢腿時內氣下沉，勁貫於右腳尖。

圖101

圖101附圖

【技擊用法】敵用右拳擊我頭部，我順勢向左轉身，讓過其拳，趁勢用右手撥開敵右臂，起右腿踢敵右肋。

（四十三）雙風貫耳

1. 以左腳為軸，身體轉向正東，左腿漸下蹲，右腳下落前邁一步；同時，兩掌隨轉體變拳從左右弧形內收至腹前，拳心向上；目光平視前方。（圖101、圖101附圖）

【要點】手腳回收要慢要一致，尾閭中正，神收氣斂。

2. 身體重心前移至右腿，右腿屈膝前弓，成右弓步；同時，兩拳自前向下經右膝兩側，分別向左右畫弧，兩臂內旋，兩拳向前上方勾擊，呈鉗形狀，虎口相對，稍高於頭；目光平視前方。（圖102、圖102附圖）

【要點】身要豎直，體要虛空，兩臂運行沉穩緩慢，虛靈脊勁達貫於拳端。

圖102　　　　　　　　圖102附圖

【技擊用法】敵用左拳擊我，我用左手叼住其腕，用右掌擊敵面部；如敵以右手挑我右掌，順勢起右腳踢其肋部；若敵用左手下摟我腿，我立即收回右腿；敵右拳向我擊來，我趁勢格開敵拳，兩拳由兩側貫擊敵雙耳。

（四十四）披身踢腳

1. 右腳原地外展向東南，左腳向前跟半步，腳尖點地，身體右轉，兩腿盤膝而坐；同時，兩拳隨轉體向內於右耳側交叉搭十，兩臂左內右外屈肘，拳心朝外；目光向左平視。（圖103）

【要點】圍身下坐，虛靈頂勁，神凝兩臂，勁貫於拳。

2. 重心落於右腿，身體直立，左腳提起向東平直踢出；同時，兩拳變掌向左右兩側分開，右掌高於頭側，右

圖103

圖104

圖105

臂微屈，指尖向上；左掌高與肩平，掌指正東；目光平視
左方。（圖104、圖105）

圖106

【要點】披身中正，臂開胸張，腹內鬆沉，神氣貫注於腳。

【技擊用法】敵從左側攻擊我頭部，我隨即下蹲抱臂，使敵走空；然後兩臂分開，起左腳踢敵肋、腰部。

（四十五）轉身蹬腳

1.左腳向左落步，腳尖內扣，重心移至左腿，身體右轉；同時，右掌變拳下落，收於右肋側，前臂平直，拳心向上；左掌隨身體右轉向內弧形下落，指肚搭於右臂內關穴後；目光下視右拳。（圖106）

【要點】收腿抽身回縮要緩要穩，身要虛空，切勿下坐，虛靈之勁貫注於手。

圖107　　　　　　　　圖108

　2. 以左腳為軸，右腳向右後方回撤一步，身體右後轉180°；同時，右拳內翻帶動左掌下落收於襠前，拳心向內，隨即右腳抬起向東方蹬出；目光平視前方。（圖107、圖108）

　【要點】立身中正，虛靈挺拔，旋似陀螺，神氣貫注於右腳跟。

　【技擊用法】敵用右臂襲我左腿，我左腿迅疾回收轉身，右腳向敵右肋、胯處蹬出。

（四十六）進步打捶

　【動作、要點及技擊用法】與（十一）進步打捶的動作相同。（圖109—圖112）

圖109

圖110

圖111

圖112

（四十七）如風似閉

【動作、要點及技擊用法】與（十二）如風似閉的動

圖113

圖113附圖

作相同。

（四十八）十字手

【動作、要點及技擊用法】與（十三）十字手的動作相同。

（四十九）抱虎歸山

【動作、要點及技擊用法】與（十四）抱虎歸山的動作相同，唯一的差別只是將「蹬腿」變成「撩陰腳」。（圖113、圖113附圖）

（五十）攬雀尾

【動作、要點及技擊用法】與（三）攬雀尾中第3動相同，動作重複3遍。

圖114　　　　　　　　圖115

（五十一）斜單鞭

【動作、要點及技擊用法】與（四）單鞭的動作相同，唯方向朝東南。（圖114—圖118）

（五十二）野馬分鬃

左分鬃（一）

1. 左腳內扣，身體下蹲，重心移至左腿，右腳收回於左腳內側，腳尖點地；同時，左臂屈肘，左掌向內弧形移至右耳外側，掌心向外；右勾手變掌自右向下、向左弧形下穿至左胯外側，掌心向內；目光順右手方向下視。（圖119）

【要點】腹內虛空，體要飄浮，上撐下穿兩手分張相合勁整。

圖116

圖117

圖118

圖119

　　2. 身體右轉，右腳向右邁出，全腳掌踏實，重心前移，右腿屈膝前弓，成右弓步；同時，右掌隨轉體以拇指

圖120　　　　　　　　　圖121

引領，向右上方弧形捌出，高與眉齊，掌心向上；左掌向左弧形外採於左肋側，掌心向下；目光隨右掌平視前方。（圖120）

【要點】立身中正，塌腰吸胯，撥雲見日，前後兩手相合一氣，動作沉穩開展。

左分鬃（二）

1. 重心落於右腿，右腳尖外展，身體右轉；左腳前提收至右腳內側，腳尖點地；同時，左掌向右經左耳外側，弧形下穿至右胯外側，掌心向內；右掌向內回收，護於左耳外側，掌心向外；目光順左掌下穿方向下視。（圖121）

【要點】與右分鬃第1動相同。

2. 身體左轉，左腳向左邁出，全腳掌踏實，重心移於左腿，左腿屈膝前弓，成左弓步；同時，左掌以拇指引領

圖122

隨轉體向左上方弧形捌出，高與眉齊，掌心向上；右掌向右弧形外採至右肋外側，掌心向下；目光隨左掌平視前方。（圖122）

【要點】與右分鬃第2動相同。

【技擊用法】敵用右拳擊我胸部，我以右手接其腕側，進左步用左掌擊敵右腋下或右肋部；敵若用左手來擊，我則以左換右相反方式還擊。

右分鬃（三）

【動作、要點及技擊用法】與上述右分鬃（一）動作相同。

左分鬃（四）

【動作、要點及技擊用法】與上述左分鬃（二）動作

| 圖123 | 圖124 |

相同。

（五十三）上步攬雀尾

1. 左腳尖外展，身體左轉，右腳提起經左腳內側向前邁出一步，落地後重心前移，右腿屈膝前弓，成右弓步；同時，左掌向內翻轉向下，右掌跟隨左掌一起，隨轉體向左、向內、向前弧形畫平圓，右前左後兩掌心向下，朝前掤出，右掌指尖高與鼻尖齊，左手附於右前臂內側；目光平送前方。（圖123—圖125）

【要點】虛空中意氣不能上浮，務要沉著，前實後虛，纏繞中貫透裏鑽之勁。

2. 與（三）攬雀尾中第3動相同，動作重複3遍。

【要點及技擊用法】與（三）攬雀尾相同。

圖125

圖126

（五十四）單　鞭

【動作、要點及技擊用法】與（四）單鞭的動作相同。

（五十五）玉女穿梭

左穿梭（一）

1. 左腳尖內扣，右腳尖外展135°，身體右轉；同時，右勾變掌向下經腹前向上弧形向右上方穿出，掌心斜向上；左掌從左向右弧形下捋至胸前，掌心向上；目光視右掌前方。（圖126）

【要點】撐腰旋胯，虛靈頂勁，掌領身轉，肘不離肋，手腳同動務須一致。

圖127

圖128

2. 重心落於右腿，左腳提起向左前方邁出一步，重心前移，左腿屈膝前弓，成左弓步（朝西南）；同時，右掌弧形下落收於腹前，左掌微下落經腹前弧形向上、向前劈出；目光平視前方。（圖127、圖128）

【要點】尾閭中正，體內虛空，左腳前邁與身體一起緩慢前移，兩掌動作與腳一致，與神氣相合。

3. 身體重心後移落於右腿；同時，兩掌外旋，掌心翻轉向上收回至腹前；隨即重心前移至左腿，成左弓步；左掌內旋由前向上弧形掤起，掌心斜向外；右掌內旋向前直線推出，掌心向外；目光經兩掌間平視前方。（圖129、圖130）

【要點】身勿前傾，體內虛空，兩掌沉穩下收含腹前捧球相合之意，尾閭中正，上掌輕若挑簾，前掌力若推

圖129

圖130

山，神氣貫串務須一致。

【技擊用法】敵用右拳
擊我頭部，我以左手向上掤
化敵臂，用右掌擊其胸部或
肋部；敵若用左拳，我則左
右相換應之。

右穿梭（二）

1. 身體重心移到右腿，
身體右轉，左腳提起扣於右
腳前，右腳跟抬起，成虛丁
字形；同時，左掌隨轉體下

圖131

落收於右胸前；右掌下塌收於小腹前，掌心向下；目光平
視右前方。（圖131）

圖132　　　　　　　　　　　圖133

2.身體繼續右轉，右腳向東南邁出一步，重心前移，右腿屈膝前弓，成右弓步；同時，左掌弧形下落收於腹前，掌心向下；右掌經胸前弧形向上、向前劈出；目光平視前方。（圖132）

3.身體重心後移落於左腿；同時，兩掌向外翻轉，掌心向上收回至腹前。（圖133）

4.重心前移，右腿屈膝前弓，上體微右轉，成右弓步；同時，右掌內旋由前向上弧形掤起，掌心斜向外；左掌內旋向前直線推出，掌心向外；目光經雙掌間平視前方。（圖134）

【要點】與左穿梭相同。

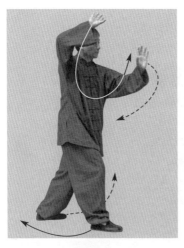

圖134　　　　　　　　　圖135

【技擊用法】敵在後邊用右拳擊我背部，我順勢轉身以左手採拿敵腕，進右步用右手向上掤化敵臂，以左掌擊其胸部或肋部。敵左則我右應之。

左穿梭（三）

1. 重心移到左腿，右腳回撤至左腳後，成丁字形，身體左轉面向東北，左腿屈膝提起，左腳收於右腿內側；同時，左掌外旋下落收於腹前，掌心向上；右掌外旋弧形下落上抄，經腹前向東北方向伸出，掌心向上；目光隨右掌平視前方。（圖135）

【要領】虛靈頂勁，平身後撤，懷中捧球，神氣貫串。

圖136

圖137

圖138

　　2.、3.動與左穿梭（一）的2、3動相同，唯方向相反（前為西南方向，後為東北方向）。（圖136—圖138）

圖 139

圖 140

圖 141

圖 143

右穿梭（四）

與右穿梭（二）的動作相同，唯方向不同（前為東南方向，後為西北方向）。（圖 139—圖 142）

圖143　　　　　　　　圖144

（五十六）上步攬雀尾

1. 身體左轉，左腳向前邁步橫跨於右腳的左前方，兩腳稍寬於肩，重心前移至左腿，成左高弓步；同時，兩掌隨上步向左翻轉平行畫圓，左掌高與肩平，掌心朝外，在上落於左腳外側；右掌高與胸平，掌心朝左，落於左腳前方；目視雙掌。（圖143）

【要點】立身中正，腰撐身轉，邁步臨淵，輕拿輕放，重心緩移，務須完整。

2. 與（五十三）上步攬雀尾的動作相同。

【要點及技擊用法】與（三）攬雀尾相同。

（五十七）單　鞭

【動作、要點及技擊用法】與（四）單鞭的動作相同。

圖145

圖146

（五十八）雲　手

【動作、要點及技擊用法】

與（三十一）雲手的動作相
同。（圖144—圖147）

（五十九）單　鞭

【動作、要點及技擊用法】

與（四）單鞭的動作相同。

（六十）下　勢

圖147

右腳後撤半步，腳尖外展，
重心移至右腿，屈膝下蹲，左腿在左側鋪平，全腳掌著
地，成左仆步；同時，左掌隨重心移動向右、向上弧形運

圖148

圖149

行，經頭頂至右勾手下落，由胸前而下，從左腿內側前穿；
右勾變掌隨後而行；目光貫注左掌。（圖148、圖149）

【要點】體內虛空，意在飄浮，撲身而下如燕子抄
水，神氣下注宜緩宜穩。

【技擊用法】敵用猛力前撲我身，我以兩手下将敵
臂，同時身體下坐，使敵落空，趁勢擊之。

圖150

圖150附圖

143

（六十一）金雞獨立

左獨立（一）

身體微左轉，重心前移；右腿屈膝上提，腳面繃直，身體前送，左腿漸漸直立微屈支撐，成左獨立勢；同時，左掌隨身體前移向前上穿出，弧形下捋至左胯側，掌心向下；右掌由下隨右腿提膝，右臂在右大腿上方屈肘向前弧形上穿，掌心向左，置於額前，指尖高與眉齊；目光平視前方。（圖150、圖150附圖）

【要點】虛靈頂勁，尾閭中正，左腳如磐石矗地，右手、右腳如山嶽鼎立，神氣貫注於右肘、右膝。

右獨立（二）

身體微向右轉，右腳向前外撇下踏半步落實，重心全部移至右腿；左腳提起向前踢出，成右獨立勢；同時，左掌向外翻轉，經右腕上方穿出，向前直伸，掌心向上；右掌向內翻轉，沿左臂內側向下按至左膝內側，掌心向下；目光平視前方。（圖151）

圖151

【要點】腳踩浮萍，立身中正，輕拿輕放，平穩前移，切勿竄躍，右腳如磐石矗地，左腿緩慢伸平，神氣貫注於左手、左腳，上下動作相合一致。

【技擊用法】敵用右拳擊我胸部，我以左手下按敵右腕，用右掌擊其下頜，順勢提右腿，用膝擊敵小腹；敵如後遁，我右腳前落，右掌前護，左掌擊其面部、左腳踢其腹部同時向敵攻擊。

（六十二）倒攆猴

1. 與（十九）倒攆猴的第2動相同。（圖152）

2. 與（十九）倒攆猴的第2動相同，唯左右相反。（圖153—圖155）

圖152

圖153

圖154

圖155

3.與（十九）倒攆猴的第2動相同。（圖156）

【要點及技擊用法】與（十九）倒攆猴相同。

（六十三）金龍鎖口

【動作、要點及技擊用法】與（二十）金龍鎖口的動作相同。

（六十四）斜飛勢

【動作、要點及技擊用法】與（二十一）斜飛勢的動作相同。

（六十五）金鐘掛玉瓶

【動作、要點及技擊用法】與（五）金鐘掛玉瓶的動作相同。

（六十六）鳳凰雙展翅

【動作、要點及技擊用法】與（六）鳳凰雙展翅的動作相同。

（六十七）左摟膝拗步

【動作、要點及技擊用法】與（七）左摟膝拗步的動作相同。

（六十八）海底針

【動作、要點及技擊用法】與（二十五）海底針的動作相同。

圖156

圖157

（六十九）扇通背

【動作、要點及技擊用法】與（二十六）扇通背的動作相同。

（七十）撇身捶

【動作、要點及技擊用法】與（二十七）撇身捶的動作相同。（圖157）

（七十一）進步打捶

1. 身體前移重心落於右腿，左腿前提直伸，腳面繃直；同時，左掌隨身體前移，從下向前弧形前抄，掌心向上；右拳弧形收回至右胯側，拳心向上；目光平視前方。（圖158）

圖158

圖159

【要點】身體不要下坐，前行中要有上拔之意，移動平穩，勢如滾球。

2. 左腳向前自然下落，重心移到左腿，右腳提起與左腳合併而立，兩膝彎曲；同時，右拳內旋向前打出，拳眼向上；左掌微向內收，貼於右前臂內側；目光平視前方。（圖159）

【要點】拳打出時兩肩不可下垂，腹內鬆靜，精神貫注，意氣平和，拳勿出尖。

【技擊用法】與（十一）進步打捶的技擊用法相同。

（七十二）攬雀尾

【動作、要點及技擊用法】與（五十三）上步攬雀尾的動作相同。

圖160

（七十三）單　鞭

【動作、要點及技擊用法】與（四）單鞭的動作相同。

（七十四）雲　手

【動作、要點及技擊用法】與（三十一）雲手的動作相同。

（七十五）單　鞭

【動作、要點及技擊用法】與（三十二）單鞭的動作相同。

（七十六）高探馬

【動作、要點及技擊用法】與（三十三）高探馬的動作相同。（圖160）

圖161

圖162

150

（七十七）白蛇吐芯

左腳提起向前半步，重心前移，左腿屈膝前弓，成左弓步；同時，右屈肘橫臂，右掌向左下弧形內收落於左腋下，掌心向下；左掌順右臂上方向前弧形穿出，掌心向上，高與眉平；目光平視前方。（圖161）

【要點】尾閭中正，虛靈頂勁，兩手上穿下採相合一氣，神氣貫注於左掌。

【技擊用法】敵用左拳擊我胸部，我用右手下按其腕，進左步用左掌順勢前穿，擊敵喉部或面部。

（七十八）十字擺蓮

1. 左腳內扣，腳尖向西南，身體微左轉，重心在左腿；同時，左掌隨轉體內旋舉至額前，掌心向外；右掌弧

圖163　　　　　　　　　　　　圖164

形上抹，與左掌十字交叉，左掌在上；目光平視右前方。
（圖162）

　　【要點】虛靈頂勁，塌腰撐轉，體內虛空，兩胯縮
勁，兩肩相合，神掩氣平。

　　2. 右腳提起由左向右擺踢，身體隨轉；同時，雙掌由
右向左擺，右掌在右前上方與右腳合擊，兩掌隨轉體而
動；目光平視西南。（圖163、圖164）

　　【要點】立身中正，虛靈內守，左腳如釘，身勿上竄，
右腿放鬆，上抽如鞭，兩掌相對迎合擊拍右腳面，神氣貫
注。

　　【技擊用法】敵自身後用腳踢我，我迅疾收腰轉胯避
敵之力，使其落空；同時起腳擺擊敵踢空之腿，兩手搭十
為防護之手。

圖165　　　　　　　　　　　圖166

（七十九）進步指襠捶

1. 右腳自然落地，腳尖朝向西北，身體右轉；同時，右掌變拳，前臂平直，微向右腰側回收，拳心向上；左掌與腳面合擊後，隨轉體至西南，平搭於右臂上方；目光平視右前方。（圖165）

【要點】落步堅實，身勿晃動，虛靈頂勁，神氣內斂。

2. 左腳提起朝西南上一步，重心前移，左腿屈膝前弓，成左弓步；同時，左掌回收，掌心朝斜下護於右上臂上方；右拳微內旋向上平直打出，拳眼向上；目光平視前方。（圖166）

【要點】用意塌住腰勁，腹內鬆空，肩勁回縮下沉，捶勁內裹於拳，力不過腕，身體不可前傾。

圖167

【技擊用法】與（二十八）卸步指襠捶相同。

（八十）上步攬雀尾

1. 重心全部移至左腿，身體微左轉，右腳向前提至左腳後，前腳掌著地；同時，右拳變掌，兩掌隨轉體向左上畫弧，掌心均向外；目光平視右前方。（圖167）

2. 與（五十三）上步攬雀尾的動作相同。

（八十一）單　鞭

【動作、要點及技擊用法】與（四）單鞭的動作相同。

（八十二）下　勢

【動作、要點及技擊用法】與（六十）下勢的動作相同。

圖 168

（八十三）上步七星

身體重心移到左腿，身形漸漸前起；左腿微屈，右腳提起經左踝內側向東南邁出半步，腳掌著地，成右虛步；同時，左掌上抄至胸前，內旋護於右上臂內側；右勾變拳，隨右腳前邁自後經腰部向東南直打出去，拳心向下，高與鼻平；目光平視前方。（圖168）

【要點】上步平穩，體勿上竄，虛空頂勁，尾閭中正，拳領勁貫，神氣專注一點。

【技擊用法】敵用右拳擊我面部，我以左掌上掤將其封住，右拳順勢從左前臂下方打出，擊敵下頜。

（八十四）退步跨虎

右腳經左踝內側後退一步，身形微右轉，重心移到右

圖169

腿，左腳略向後移，腳尖點地，成左虛步；同時，右拳變掌隨轉體由前自下向右上畫弧，臂內旋，掌心翻轉向前，停於右額上方；左掌自前而下向左弧形下落至左胯旁，掌心向下，手指朝前；目光平視前方。（圖169）

【要點】腹內虛空，胸開含蓄，虛無一片，上下相合，神氣內斂，持定在中。

【技擊用法】敵兩掌向我胸部擊來，我疾含胸撤腰，收右步，左手上将敵右腕下採，右掌從下上掤敵左臂，與左下手相合，將敵擊出。

（八十五）轉身白蛇吐芯

左腳尖內扣，右腳尖外展，身形右後轉180°，重心落於右腿；左腳提起向正西方邁出一步，重心前移，左腿屈膝前弓，成左弓步；同時，左掌自下而上向前穿出，掌心

| 圖170 | 圖171 |

向上，高與肩齊；右掌弧形下落，收回至左腋下，掌心向下；目光前視穿出方向。（圖170）

【要點】換步輕靈，旋腰吸胯，尾閭中正，虛靈頂勁，兩手上穿下採相合一氣，神氣貫注於左掌。

【技擊用法】與（七十七）白蛇吐芯的技擊用法相同。

（八十六）雙擺蓮

1. 左腳內扣，腳尖朝向東北，身體右轉，左腿屈膝坐實；同時，左掌內旋，掌心翻轉朝外，右掌在左臂下方貼臂上行，兩掌搭成十字向右平移，高與肩齊；目光送視兩掌。（圖171）

【要點】虛靈頂勁，塌腰撐轉，體內虛空，兩胯縮勁，兩肩相合，神掩氣平。

2. 右腳提起至左腳外側，左腳以腳跟為軸，身體自左

圖172　　　　　　　圖173

向右轉，隨即右腳自左向右上方弧形外擺，膝自然微屈，高不過肩；同時，兩掌自右向左迎著拍擊右腳面；目光橫掃拍擊方向。（圖172）

【要點】立身中正，虛靈內守，左腳如立錐，身勿上竄，右腿放鬆，如鞭上抽，兩掌相對迎合，神氣貫注。

【技擊用法】敵在後邊用右拳擊我背部，我收腰轉身，兩手拍開敵拳，順勢起右腳擺踢敵右肋或背部。

（八十七）彎弓射虎

1. 右腳落向東南，左腿微屈，身體右轉後坐；同時，兩掌分開變拳弧形下落，向內收於腹前，拳心向上；目光貫注兩拳回收。（圖173）

【要點】擺腿飄然下落，立地如釘，兩臂泰然掩收，氣斂神定。

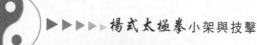

圖174

圖174附圖

158

2. 上體左轉，重心前移，右腿屈膝前弓，成右弓步；同時，兩拳隨轉體自左向下經腹前向右弧形上繞，右臂內旋，拳心翻轉向外，經右耳側至右額斜上方，向東北打出，臂呈弧形；左臂內旋，拳心翻轉向下，經胸前向東北方向打出，高與胸平；目光平視左拳前方。（圖174、圖174附圖）

【要點】輕靈虛空前移，立身中正切勿前傾，兩臂彎弓張滿，肩不可上聳，脊勁貫注於左拳，神氣不可外泄出尖。

【技擊用法】敵用右臂從上下劈我時，我用右手接住其臂，向右引領，使敵落空；順勢腰向左轉，用左拳擊敵肋部。

（八十八）收　勢

1. 右腳外展，左腳提起向東南上一步，兩腳與肩同

圖175

圖176

寬，平行朝南而立，身體右後轉朝南；同時，左右拳隨轉體外旋向右弧形下落至胸前，拳心均向上，隨即兩拳弧形下落至腹前；目光平視前方。（圖175）

【要點】凝神靜氣，腳踏浮雲，輕靈旋轉，神氣內斂，兩臂了然收落，內外完整一氣。

2. 兩拳變掌，分別向東南、西南斜上方弧形穿起，向內收於臉前，臂內旋掌心向斜下方相合，弧形下採至胯兩側，掌心向後；同時，身體上拔，腿微屈；目光平視前方。（圖176—圖178）

【要點】含胸拔背，意氣內斂，塌腰立身，虛靈上拔，兩手慢將長髯。

3. 合太極：重心移至右腿，左腳收回與右腳並立；同

圖177

圖178

圖179

時，兩掌翻轉向內；目光平視前方。（圖179）

【要點】平心靜氣，泰然自若，形收意斂歸於渾然，靜至中和。

楊式太極拳小架套路
運行路線示意圖

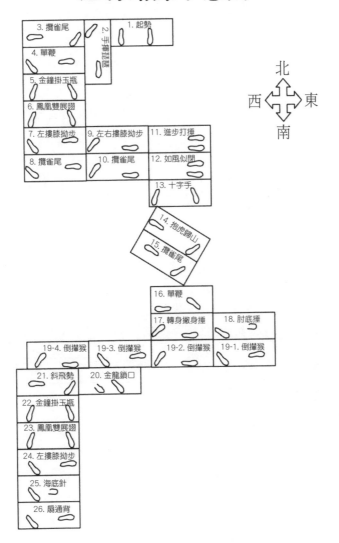

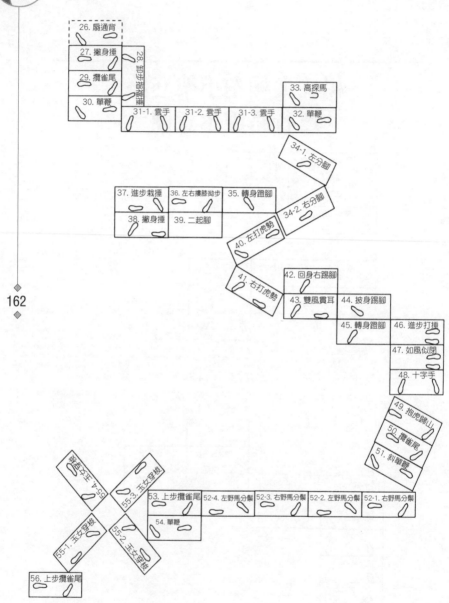

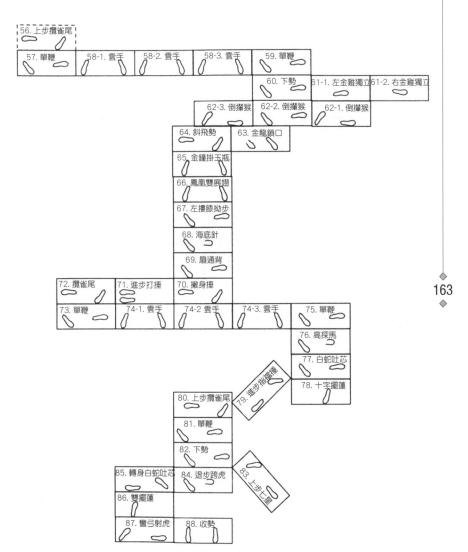

56. 上步攬雀尾

57. 單鞭

58-1. 雲手

58-2. 雲手

58-3. 雲手

59. 單鞭

60. 下勢

61-1. 左金雞獨立

61-2. 右金雞獨立

62-3. 倒攆猴

62-2. 倒攆猴

62-1. 倒攆猴

64. 斜飛勢

63. 金龍鎖口

65. 金鐘掛玉瓶

66. 鳳凰雙展翅

67. 左摟膝拗步

68. 海底針

69. 扇通背

72. 攬雀尾

71. 進步打捶

70. 撇身捶

73. 單鞭

74-1. 雲手

74-2. 雲手

74-3. 雲手

75. 單鞭

76. 高探馬

77. 白蛇吐芯

78. 十字擺蓮

79. 進步指襠捶

80. 上步攬雀尾

81. 單鞭

82. 下勢

83. 上步七星

85. 轉身白蛇吐芯

84. 退步跨虎

86. 雙擺蓮

87. 彎弓射虎

88. 收勢

163

孫德明老師常用功法欣賞

　　為便於習練者理解、掌握、欣賞楊式太極拳的用法，特配以高壽健康老人孫德明老師與弟子一起演練的效果展示圖。

　　此處之演手只是萬變中一二。因為，實戰動手絕無固定程式可以複製，太極拳內勁之真存於無形，所以，有招有式都是假，無招無式方為真。技擊的真意完全要在實戰中去體驗、去感受，才能獲得真知。

　　（圖中老者為孫德明老師，年輕者為弟子馬京鋼）

1. 起　勢

　　【內勁用法】對方拿我雙臂；我兩臂用粘採內勁含收，用彈簧勁上展將對手崩出。

1-1　起　勢

1-2　起　勢

2. 手揮琵琶

【**內勁用法**】對方前撲轄制我雙手；我順勢合十掤採其向右轉身，左腳向其襠內插去，雙掌向對方胸部擠擊。

2　手揮琵琶

3. 攬雀尾

【內勁用法】對方用右拳向我擊來；我雙手順勢接住來拳，右手銜其腕，左手接其肘，向斜後方捋採；對方必向後撤回，我順勢向前掤擠之。

3-1　攬雀尾　　　　　3-2　攬雀尾

4. 單　鞭

【內勁用法】對方用拳擊來；我以右手勾掛其左腕，順勢向斜後方採捯，用左掌以切按勁向其胸部直擊。

5. 金鐘掛玉瓶

【內勁用法】對方向我側面擊來；我順勢左手按其左臂向斜下方採塌，身形側轉下坐，正面視敵，左手防其進

4-1 單 鞭

4-2 單 鞭

5-1 金鐘掛玉瓶

5-2 金鐘掛玉瓶

攻，右手從下向其陰部撩擊。對方如捕捉我撩出之手順勢
向內翻轉，用尾閭勁豎拔腰椎將對方拿起。

6. 鳳凰雙展翅

【內勁用法】對方用右拳擊我胸部，我向左穿擊；對方換左拳擊來，我順勢向右穿擊；對方雙手按住我雙臂，我雙臂如飛鳥展翅用掤擠勁向外側斜向伸展，將其擎出。

圖6-1　鳳凰雙展翅　　　　圖6-2　鳳凰雙展翅

7. 摟膝拗步

【內勁用法】對方用右拳襲擊我腰部；我以左手向旁邊將其右拳摟開，右掌用掤按勁向對方胸部擊出。

8. 進步打捶

【內勁用法】對方用右拳擊我胸部；我順勢以左手從下向上穿出，使其右拳讓於身外，同時不待敵出左手，迅疾上步，右拳用掤擠勁擊其腹部。

圖7-1　摟膝拗步

圖7-2　摟膝拗步

8-1　進步打捶

8-2　進步打捶

9. 如風似閉

【內勁用法】我擊出右拳被對方橫攔,立即回撤與左手搭成十字,防其另外的手襲擊我頭或胸,同時身形後撤一步,雙手向兩側下採,對方必跟進,我順勢上步雙掌用擠按勁向對方胸部按出。

圖9-1　如風似閉　　　　圖9-2　　如風似閉

10. 十字手

【內勁用法】我雙手被對方雙手粘住,我兩臂分別從左右兩側在胸前十字相合,用背勁向對方掤擠,將其崩出。

11. 抱虎歸山

【內勁用法】對方從身後向我襲擊;我以雙臂護住身

圖10-1　十字手

圖10-2　十字手

圖11-1　抱虎歸山

圖11-2　抱虎歸山

體向後橫掃，轉動身形與對方正面相對，雙手向外從兩側抄起，用将採勁將鉗住我的對方拿起，再用挪擠勁將對方平送出去。

12. 撇身捶

【內勁用法】對方從身後向我襲來；我隨即轉身，左手搭於右臂，右拳向對方胸部用掤擠勁撇出。

12　撇身捶

13. 肘底捶

【內勁用法】對方托抓住我右臂；我右臂順勢彎曲下採，左掌順右臂內側向對方面部穿擊，左腳向前半步，右拳從左肘下用擠按勁向對方胸部擊出。

14. 倒攆猴

【內勁用法】對方用右拳向我襲來；我隨用左掌將其摟開，順勢用右掌的採按勁擊其面部。

13-1　肘底捶

13-2　肘底捶

14　倒攆猴

15　金龍鎖口

15. 金龍鎖口

【內勁用法】對方右手抓住我左腕；我就勢左臂用粘採勁向懷中橫收，右拳與左拳相纏繞用滾挫勁斷其腕。

16. 斜飛勢

　　【內勁用法】對方從我右方襲來；我左手用採挒勁採其左腕，起右手用挒靠勁進擊對方肋部或頸部。

16　斜飛勢

17. 海底針

　　【內勁用法】對方右手抓住我右腕；我趁勢身形後收，左掌護住胸部，右掌用粘連勁上撩；對方必後拽，我順勢右掌用擠靠勁迅疾向對方後足跟穿擊。

18. 扇通背

　　【內勁用法】對方用右拳擊來；我右手用粘連勁叼住其腕向上提起，左掌用擠按勁擊敵肋部。

17-1 海底針　　　　　17-2 海底針

18 扇通背　　　　　19 卸步指襠捶

19. 卸步指襠捶

　　【內勁用法】對方用腿擊我腹部；我順勢向後收步，並用左手護住胸部，右拳用掤擠勁向其襠部打出。

20. 雲 手

【內勁用法】對方從我右前方用拳襲來；我右掌用滾粘勁上穿，使其力走空，然後向右旋掛，用按塌勁順勢擊發。

20-1 雲 手　　　　　20-2 雲 手

21. 高探馬

【內勁用法】對方用右拳擊來；我左手接其臂下捋，順勢出右掌用擠按勁向其頸部或面部穿擊。

22. 左右分腳

【內勁用法】對方用右拳擊我；我雙手用折磨勁纏粘住對方腕部，順勢起右腳用擠靠勁踢其肋部。如對方用右腳踢我左肋；我則起左腿從對方右腿內側向外分腳，使其傾之。

21　高探馬

22　左右分腳

23-1　轉身蹬腳

23-2　轉身蹬腳

23. 轉身蹬腳

【內勁用法】對方從背後向我擊來；我即轉身閃過，趁勢起左腳用擠踏勁向其腹部蹬踹。

24. 進步栽捶

【內勁用法】對方右手擒住我右腕；我左手扣住其右腕，用採挒向側後按塌；對方必回抽，我順勢上步跳躍而進，左手護住右捶用擠按勁向對方腳後跟擊發。

24-1　進步栽捶

24-2　進步栽捶

25. 打虎勢

【內勁用法】對方雙手抓住我雙臂；我順勢後坐用粘勁向下採捋，化散其力，然後右拳用掤擠勁上擊其頭部。

圖25-1　打虎勢

圖25-2　打虎勢

26　回身右踢腳

26. 回身右踢腳

【內勁用法】對方用右拳擊我頭部；我順勢向左轉身，讓過其拳，右手趁勢用粘採勁撥開對方右臂，起右腿用擠靠勁踢其右肋。

27. 雙風貫耳

【內勁用法】對方右拳向我擊來；我趁勢用粘捋勁格開來拳，然後雙拳用擠靠勁向對方雙耳根部夾擊。

27-1　雙風貫耳

27-2　雙風貫耳

28. 野馬分鬃

【內勁用法】對方用右拳擊我胸部；我以左手接其腕用採塌勁下捌，右掌用擠靠勁從對方右腋下擊其肋部。

29. 玉女穿梭

【內勁用法】對方向我頭部襲來；我右手用粘採勁化解來力，左手用擠按勁擊其胸部或肋部。

28-1　野馬分鬃

28-2　野馬分鬃

29-1　玉女穿梭

29-2　玉女穿梭

30. 下　勢

【內勁用法】對方用猛力向我前撲；我用前臂的採塌勁下捋，同時身體下坐，使對方勁落空，雙手趁勢從下用掤擠勁穿擊對方腳跟。

30　下　勢

31. 金雞獨立

【內勁用法】對方向我胸部襲來；我右手用採塌勁拿住對方手腕，左手用擠按勁穿擊對方下頷，順勢提左腿，用膝頂擊其小腹。

32. 白蛇吐芯

【內勁用法】對方用左拳擊我胸部；我右手用採塌勁

31-1　金雞獨立

31-2　金雞獨立

32　白蛇吐芯

下按其腕，上步左掌用掤擠勁順勢前穿，擊對方喉部或面部。

33. 上步七星

【內勁用法】對方用右拳擊我面部；我左掌用掤擠勁
將其封住，右拳順勢用擠按勁從左前臂下方擊打對方下
頜。

33-1　上步七星

33-2　上步七星

34. 退步跨虎

【內勁用法】對方雙掌向我胸部擊來；我速含胸坐腰
撤右步，右掌用捋採勁粘住對方左手，左掌用掤擠勁從下
上掤，雙掌用合勁擊發對方。

34 退步跨虎

35-1 雙擺蓮

35-2 雙擺蓮

35. 雙擺蓮

　　【內勁用法】對方在後邊用右拳擊我背部；我立腰轉身雙手用掤按勁分開對方來拳，順勢起右腳擺踢對方右肋。

36. 彎弓射虎

【內勁用法】對方用右臂從上向我下劈；我用右手接粘來手，向右引領，使敵落空，順勢轉腰左拳用擠按勁擊打對方肋部。

36-1　彎弓射虎

36-2　彎弓射虎

後　記

　　師傅孫德明自幼酷愛武術，曾高就多位名師：京東第一武術名家商寶善、形意大師馬清藻、楊式太極大師崔毅士、一代名師汪永泉。歷練多年，功底深厚，武德卓越。現年近九旬，仍堅守在授拳一線。

　　我作為孫德明的第一批入室弟子，從師學習了楊家所傳的大、中、小架太極拳、太極劍、太極刀等。與師門弟子一起對師傅的傳授視為珍品，並擔當了一份承上啟下的責任，大家都有把師傅傳承的功法和經驗彙集、總結、整理、記錄下來的想法。

　　其中，首先提出倡議的是趙樹楓，並透過他一番辛勞努力奔走後，終於在2008年7月把《關於楊式太極拳之挖掘、傳承與推廣的研究》的課題列為北京市哲學社會科學「十一五」規畫項目。其後，成立了由齊一、趙樹楓、楊瑞、馬京鋼、齊犁和我所組成的編寫組，開始了記錄、整理和編寫的一系列工作。當時，我們研究決定：以孫德明師傅的傳授為依據，整理編輯《楊式太極拳大、中、小架解析系列》叢書。其間，齊犁的付出最大。她不但承擔了絕大部分功法理論的編寫，而且還擔負著編寫組成員間的義務聯絡工作，使問題及時溝通、解決，使書稿的編寫工作順利進行。

　　此書前半部分與前兩本書的基礎理論構成一體，完整

縝密盡透其間，均由齊一、齊犁執筆編寫，辛苦可見一斑。雖然為師傅出書責無旁貸，但加倍付出理應獲得首肯。

此書的後半部分由我編寫，重點在拳的有形部分著筆，目的在於為太極拳愛好者提供參考藍本。由於水準有限不免有未盡如人意之處，有望讀者斧正。

此書得到人民體育出版社領導的大力支持和編輯李彩玲的熱心協助，使此書得以順利出版，在此謹向所有參與此項工作的人深表謝意！

李貴臣

彩色圖解太極武術

定價220元

定價220元

定價220元

定價220元

定價350元

定價350元

定價350元

定價350元

定價350元

定價350元

定價350元

定價350元

定價350元

定價220元

定價220元

定價220元

定價350元

定價220元

定價350元

定價350元

定價220元

定價220元

定價220元

太極武術教學光碟

太極功夫扇
五十二式太極扇
演示：李德印 等
（2VCD）中國

夕陽美太極功夫扇
五十六式太極扇
演示：李德印 等
（2VCD）中國

陳氏太極拳及其技擊法
演示：馬虹（10VCD）中國
陳氏太極拳勁道釋秘
拆拳講勁
演示：馬虹（8DVD）中國
推手技巧及功力訓練
演示：馬虹（4VCD）中國

陳氏太極拳新架一路
演示：陳正雷（1DVD）中國
陳氏太極拳新架二路
演示：陳正雷（1DVD）中國
陳氏太極拳老架一路
演示：陳正雷（1DVD）中國

陳氏太極拳老架二路
演示：陳正雷（1DVD）中國
陳氏太極推手
演示：陳正雷（1DVD）中國
陳氏太極單刀・雙刀
演示：陳正雷（1DVD）中國

郭林新氣功
（8DVD）中國

本公司還有其他武術光碟
歡迎來電詢問或至網站查詢
電話：02-28236031
網址：www.dah-jaan.com.tw

原版教學光碟

歡迎至本公司購買書籍

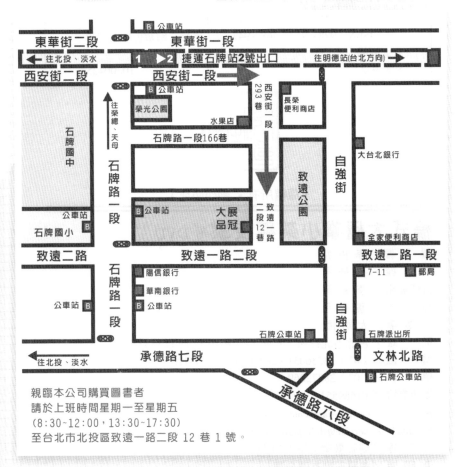

親臨本公司購買圖書者
請於上班時間星期一至星期五
(8:30~12:00,13:30~17:30)
至台北市北投區致遠一路二段 12 巷 1 號。

建議路線
1.搭乘捷運‧公車
　　淡水線石牌站下車,由石牌捷運站2號出口出站(出站後靠右邊),沿著捷運高架往台北方向走(往明德站方向),其街名為西安街,約走100公尺(勿超過紅綠燈),由西安街一段293巷進來(巷口有一公車站牌,站名為自強街口),本公司位於致遠公園對面。搭公車者請於石牌站(石牌派出所)下車,走進自強街,遇致遠路口左轉,右手邊第一條巷子即為本社位置。

2.自行開車或騎車
　　由承德路接石牌路,看到陽信銀行右轉,此條即為致遠一路二段,在遇到自強街(紅綠燈)前的巷子(致遠公園)左轉,即可看到本公司招牌。

大展好書　好書大展
品嘗好書　冠群可期